처음 경험하는
정말 외워지는 영단어

책의 가운데에 갈라진 틈을 손바닥으로 누르면 쫙 펴집니다.

화살표 끝 부분이 모두 보이도록 세게 누르세요.

PUR제본이라, 마치 스프링 제본(천 원)처럼, 넓고 편하**게 펼쳐서 볼 수 있습니다.** 펼쳐도 뜯어지지 않습니다.

마이클리시의 <난생처음 끝까지본> 시리즈와 <자동 암기 영어단어> 시리즈는 PUR로 제본하였습니다.

자동암기 초등 영단어 400

단어 책 20장 보신 분?

'영단어 책' 보는 것을 추천하지 않았습니다. 왜냐하면 영어 잘하는 사람 중에 단어책으로 익힌 사람은 20명 중 한 명 정도로 드물기 때문입니다.

기존의 단어책은 '단어만 나열'했을 뿐입니다. 주제별/빈도별로 나누고, 예문과 관련 문제는 있지만 '어떻게 외워야 할지'에 대한 내용은 없습니다. 그래서 '암기'가 안됩니다. 드물게 '암기 방법'이 있는 책은 그 내용이 억지스럽고, 어원/어근은 너무 많아 단어보다 암기하기 어렵습니다.

기존의 단어책은 '학원 수업 용'으로 만들어졌습니다. 스스로의 힘으로 단어장을 끝까지 보는 것은 불가능합니다. 눈은 단어를 보지만 머리는 다른 생각을 합니다. 그리고 외워질 만큼 반복하기엔 너무 많은 의지력과 시간이 필요합니다. 대부분 10장도 못 읽고 포기합니다.

제 아이들은 그렇게 가르치기 싫어서, 훨씬 적은 노력으로 암기할 수 있도록 '음악 연상'을 개발했습니다. 현재 특허 출원 중에 있습니다(출원번호 10-2025-0046862). '자동암기'라고 할 만큼 기존의 어떤 방식보다 4배~10배 빠르게 단어가 외워지는 기적을 경험하실 것입니다.

단어책이란, 단어가 정말 외워지면 100만 원도 저렴하고, 외워지지 않으면 시간 낭비이므로 1,000원도 아깝습니다. 다른 방법은 50배의 시간과 노력(원서 읽기 등), 100배의 돈(학원/유학 등)을 들여야 합니다. 만약 1시간 이상 이 책을 봤는데 단어가 외워지지 않으면 환불해 드립니다. 010-4718-1329, iminia@naver.com으로 꼭 연락 주세요.

다음 곡이 들린다!

일주일 정도 여러 곡을 순서대로 반복해서 들으면, 한 곡이 끝나고 다음 곡이 시작하기 전, 이미 머릿속에는 다음 곡이 맴돕니다. 그 이유는 뇌가 다음 곡을 예측하기 때문입니다. (2009년 2월 Journal of Neuroscience, 조지타운 의학 대학교, 논문 주소: bit.ly/46kdgd)

마찬가지로, 한 곡이 끝날 즈음 영어 단어를, 다음 곡의 시작에 한글 뜻을 들려주면, 뇌는 한글 뜻을 예측하므로 자동 암기가 됩니다. 3~20번 들으면, 곡이 끝날 무렵 한글 뜻(또는 영어 단어)이 생각납니다.

처음에는 5~10번 반복해야 하지만, 익숙해지면 4번 내외에 암기할 수 있습니다. 사람마다 외워지는 반복 횟수는 다르지만, 듣기만 하면 누구나 외울 수 있습니다.

음원으로 80~90% 외워질 무렵에는 책의 퍼즐 문제를 풀어 봅니다. 퍼즐은 <자동암기 영단어 시리즈> 예상 독자의 난이도에 맞춰 따라 쓰기, 선긋기, 빈칸 한글 작문, 빈칸 영어 작문, 크로스워드로 구성했습니다.

다양한 음악으로 익혀서 지루하지 않고, 집중하기 쉬우며, '말하기 듣기' 실력도 향상됩니다. 본문의 퍼즐(선 긋기)과 10단원마다 제공되는 재미있는 이야기를 활용하면 기존의 어떤 방법보다 4배 이상 빠르게 외워집니다. 10단원 끝의 이야기는 다른 관점으로 세상을 볼 수 있도록 집필하였습니다. 학습자의 메타인지를 키우는데 도움이 될 것입니다.

기적은 이틀째!

영어▶한글로 들으면, 음악이 끝날 때 영어 단어가 나오고, 다음 음악이 시작할 때 한글 단어가 나옵니다. 음악과 음악 사이의 '무음 구간'에서 곧 나올 '한글 뜻'을 소리내 봅니다. 마음속으로 해도 좋습니다.

처음 들을 때는 효과를 알기 어렵습니다. 시간이 지난 뒤 다시 반복할 때 확실히 암기가 됩니다. 아무리 어려운 단어도 주로 이틀째, 늦어도 3-4일째에는 외워집니다. 대부분은 당일에 외워집니다.

가장 중요한 것은 매일 10~30분 듣는 것입니다. 저는 자녀들과 아침 식사 시간에 하루에 2회분(16단어)씩 '한글▶영어'로 익혔습니다. 아침에 바빠서 까먹을까봐, 매일 7시 35분으로 알람을 맞춰놨습니다.

매일 정해진 시간과 장소에서 반복하여 '습관'을 들여야 합니다. 식사 시간이나 출퇴근 이동 시간을 추천합니다. '습관'이 생기는 데는 약 66일이 걸립니다. 특히 평소에 하지 않던 행동은 까먹기 쉽습니다. 그러니 지금 당장 휴대폰에 영어 단어를 들을 '매일 알람 시간'을 맞춰 놓으세요. 꾸준히 하실 수 있도록 마이클리시 단톡방에서도 매일 이 책의 자료를 드리고 있습니다: bit.ly/miklish

음원으로 80~90%익힌 후에는 책의 사진을 보고, 퍼즐을 풀어보세요. 단어의 어감 설명, 어근, 접두어 접미어의 색깔 표시(really, actual), 비슷한 말, 반대 말, 숙어, 관련 예문 등, 영어 배우는데 필요한 모든 어휘 지식을 담았습니다.

단어 모르고 영어회화?

미국인은 평균적으로 수동적 어휘(읽기/듣기 가능)로 4만 단어를 알고, 능동적 어휘(말하기/쓰기 가능)로 2만 단어를 압니다. 그러나 미국인의 일상 회화 89%는 1,000단어뿐입니다. 한국 성인들이 중학교까지 2천 단어를 배우는데도 영어 회화를 못하는 이유는 '수동적 어휘'로 익혔기 때문입니다. 능동적 어휘가 되려면 이 책의 '한글▶영어' 음원으로 단어 수준부터 영작할 수 있어야 합니다.

교육부 선정 어휘를 '빈도순'으로 전부 담았습니다. 위키피디아의 빈도순 영단어에는 9종류가 있는데(bit.ly/wikiwords), 이중 두번째인 'TV와 영화에서 가장 많이 쓴 단어(2921만 3800단어 분석)'를 기준으로 수록했습니다. '말하기' 중심의 통계가 더 중요하기 때문입니다.

교육부 선정 어휘는 '2022년 영어과 교육 과정(2025년부터 적용)' 부록에 있습니다. 약 3천 단어(초등 800단어, 중등 1200단어, 고등 1002단어)입니다. 부족한 것은 '빈도순 어휘'에서 보충했습니다: 이 책에는 am, anything, are, been, did, does, had, her, him, is, made, me, more, my, our, really, something, them, thought, us, was, were, your 등.

수능에서는 8천 단어(형태가 비슷한 단어를 빼면 5,000단어) 출제되므로 추가 선별했습니다. 수능 빈출 횟수(수능영어 단어사전), 롱맨 3000단어, 옥스포드 5000단어를 분석했고, 옥스포드 구동사 750개는 예문으로 절반가량 수록했습니다.

음원은 두 종류!

쉬움

영어독해 목적

이 책의 단어를 대부분 모르면!

조금 어려움

영어회화 목적

이 책의 단어를 절반 이상 알면!

영어▶한글보다 한글▶영어를 더 추천합니다. 결정하기 어렵다면, 초반에는 한글▶영어로 익히다가, 느리게 외워져서 반복 횟수가 늘어난다면, 그 부분부터 영어▶한글로 바꿔도 좋습니다.

주의1 한 단어를 영어▶한글 / 한글▶영어 양쪽을 섞어서 듣지 마세요. 암기에 방해됩니다. 한 종류만 반복해서 책을 끝까지 익히세요. 영어▶한글로 끝까지 익힌 뒤, 다시 처음부터 한글▶영어로 익혀도 좋습니다.

주의2 1회 청취시 4~10회 반복(5회 반복 파일 기준 1~2회)하고, 시간이 지나서(1시간~48시간 이내) 다시 한 번 더 4~10회 반복합니다.

주의3 처음 익힐 때는 👁영상보다 👂음원이 더 좋습니다. 먼저 들어봐야 '듣기' 실력이 향상 됩니다. 영어가 잘 안 들리는 이유는 알고 있는 영어 단어가 실제로는 다르게 소리나는 경우가 많기 때문입니다.

주의4 스피커폰은 잘 안 들릴 수 있으니 조금 크게 틀어주세요. 1-5만원의 저렴한 블루투스 스피커를 구매하시는 것도 좋습니다.

QR코드 사용법

삼성 휴대폰 (갤럭시 시리즈 등)

카메라 앱 키기

QR코드 비추기

하얀 팝업 터치

아이폰

카메라 앱 키기

QR코드 비추기

노란 팝업 터치

그 외의 휴대폰

네이버 앱 설치

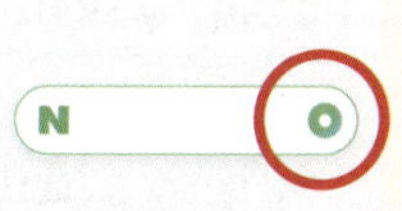

녹색 원 터치
(검색 탭 오른쪽)

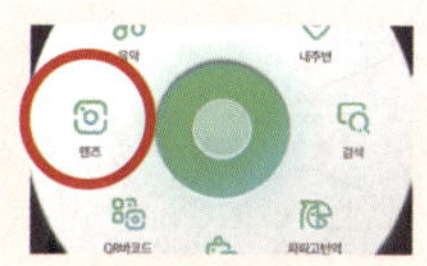

'렌즈' 터치
(9시방향)

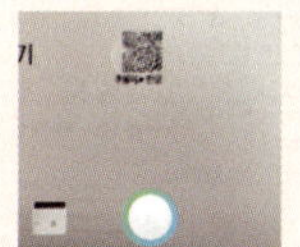

QR코드 비추기

팝업 터치

QR코드 사용이 어렵다면,
인터넷 주소창에서 접속하세요.
bit.ly/jdvoca400

학습 계획!

2달 완성 이 책의 단어를 70%이상 모르는 학습자에게 추천

하루 10분, 8단어! 가정이나 학원에서 7분(5회 반복 파일)간 들려주고,

3분간 책의 문제(3번 쓰기, 선긋기)를 풉니다.

1	2	3	4	5	6	7
1단원	2단원	3단원	4단원	5단원	6단원	휴식
8	**9**	**10**	**11**	**12**	**13**	**14**
7단원	8단원	9단원	10단원, 정리	11단원	12단원	휴식
15	**16**	**17**	**18**	**19**	**20**	**21**
13단원	14단원	15단원	16단원	17단원	18단원	휴식
22	**23**	**24**	**25**	**26**	**27**	**28**
19단원	20단원,정리	21단원	22단원	23단원	24단원	휴식
29	**30**	31				
25단원	휴식					

1	2	3	4	5	6	7
26단원	27단원	28단원	29단원	30단원,정리	31단원	휴식
8	**9**	**10**	**11**	**12**	**13**	**14**
32단원	33단원	34단원	35단원	36단원	37단원	휴식
15	**16**	**17**	**18**	**19**	**20**	**21**
38단원	39단원	40단원,정리	41단원	42단원	43단원	휴식
22	**23**	**24**	**25**	**26**	**27**	**28**
44단원	45단원	46단원	47단원	48단원	49단원	휴식
29	**30**	31				
50단원,정리	휴식					

1달 완성 이 책의 단어를 절반 이상 알거나 1~4년 배운 분께 추천

왼쪽의 2달 완성 계획에서 하루에 '이틀 분량'을 진행합니다.

4달 완성 영어를 처음 배우는 분, 4~7세에게 추천

첫날에는 '듣기'만, 둘째 날에는 '듣기+교재의 퍼즐'을 해서, 이틀에 1단원씩 익힙니다.

5일 완성 이민, 시험 준비 등 급하게 익혀야 하는 분께 추천

알람을 맞춰서 1시간마다 10~20분씩 공부하세요. 하루에 10단원씩 5일에 400단어를 끝낼 수 있습니다. 2달이면 5,000단어, 초중고 영단어를 전부 완성할 수 있습니다. 8시부터 시작하면,

8시	9시	10시	11시	12시	1시
1단원 듣기	1,2단원 듣기 1단원 풀기	2,3단원 듣기 2단원 풀기	3,4단원 듣기 3단원 풀기	점심 시간 4,5단원 듣기	5,6단원 듣기 4,5단원 풀기

2시	3시	4시	5시	6시	7시
6,7단원 듣기 6단원 풀기	7,8단원 듣기 7단원 풀기	8,9단원 듣기 8단원 풀기	9,10단원 듣기 9단원 풀기	10단원 듣기 10단원 풀기	저녁 시간 1~10단원 듣기

격월 초마다 2달 과정으로 무료 영단어 스터디를 진행합니다.

 마이클리시 단톡방
bit.ly/miklish

 자동암기 영단어 단톡방
bit.ly/jdstudy

차례

부록

약어

㉧탄사	㉫숫한 말
㉣명사	㉠치사
㉢사	㉛속사
㉤사	㉦동사
㉪대말	㉨정사
㉟사	㉩용사

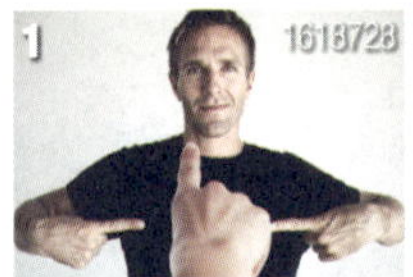

you [juː=유]

너는⁽대⁾ 너를⁽대⁾

알파벳이 어렵다면 <알파벳 따라쓰기 572>(1500원)를 추천합니다!

you

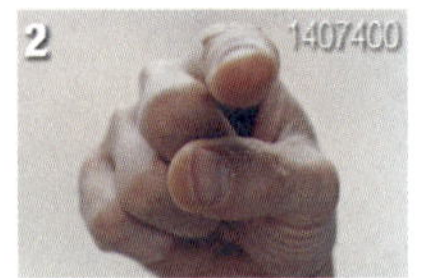

I [aɪ=아이]

나는⁽대⁾

I

to [tu=투]

~로, ~에게⁽전⁾

to

the [ðə=더, ðiː=디(강하게 읽을 때)]

그⁽한⁾

the

is [ɪz=이즈]

(한 개/한 명의) 상태이다(한)

is

it [ɪt=잍(트)]

그것은(대) 그것을(대)

it

not [nɑːt=낱(트)]

~하지 않는다, ~가 아니다(부)

not

a [ə=어, ei=에이(강하게 읽을 때)]

한(한)

a

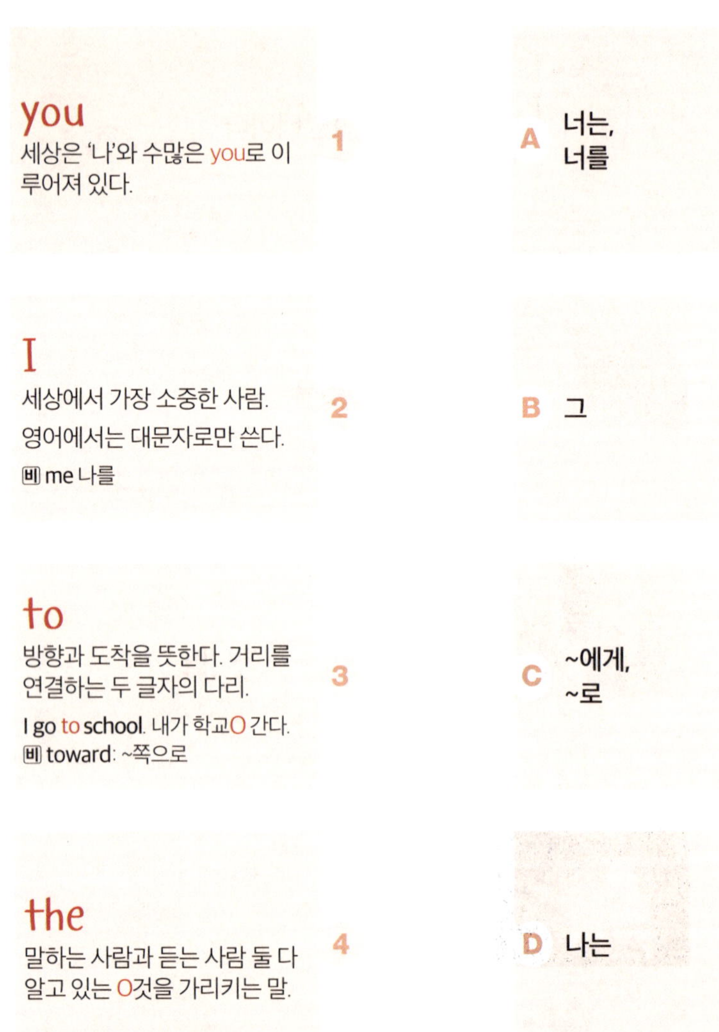

you
세상은 '나'와 수많은 you로 이루어져 있다.

1

A 너는,
너를

I
세상에서 가장 소중한 사람.
영어에서는 대문자로만 쓴다.
[비] me 나를

2

B 그

to
방향과 도착을 뜻한다. 거리를
연결하는 두 글자의 다리.
I go to school. 내가 학교O 간다.
[비] toward: ~쪽으로

3

C ~에게,
~로

the
말하는 사람과 듣는 사람 둘 다
알고 있는 O것을 가리키는 말.

4

D 나는

is

'한 명'의 OO를 뜻하는 말. 수학
이라면 =로 쓸 수 있다.

This is a cat. 이것O 한 고양이다.
(이것 = 한 고양이)
⑪ isn't (=is not)

5

E 한

it

어떤 물건을 이름 대신 OO이라
부른다.

6

F 상태이다

not

'아님(=부정)'을 뜻하는 단어.

no는 명사 앞에만, not은 그 외
의 모든 곳에 쓴다.
⑪ no 아닌

7

G 그것은,
그것을

a

이것을 사물 앞에 붙여야, 영어
에서는 사물이 1개 생긴다.

8

H ~하지 않는다,
~가 아니다

2a 음악 연상 / 세 번 쓰기

that [ðæt=댙(ㅌ)]

저㉠ 저것㉡

that

and [ænd=앤ㄷ]

그리고㉛

and

do [du=두]

한다㉢

do

have [hæv=햅(ㅂ)]

가지다㉢

have

are [ər=얼]

(여러 개/여러 명의) 상태이다⑧

are

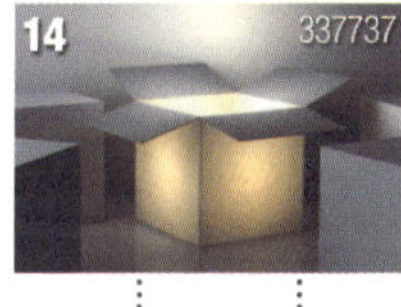

what [wat=왙(트)]

무엇이, 무엇을⑪

what

of [əv=어브]

~의 (부분)⑳

of

me [miː=미이]

나를⑪

me

that
멀리 있는 걸 가리킬 때.
[반] this 이것
[비] those 저것들

1

A 한다

and
이것과 저것을 묶는 끈 같은 말.
'나o 너는 친구야'에서 우리를
연결하는 말.
[반] but 그러나

2

B 저,
저것

do
모든 '행동'을 대표.
don't로 '안 한다'고 하거나, 단
어의 순서를 바꿔(Do you~?) '물어
볼' 수 있다.

3

C 그리고

have
없던 것을 소유하거나 경험하는
행동.
[비] own 소유하다

4

D 가지다

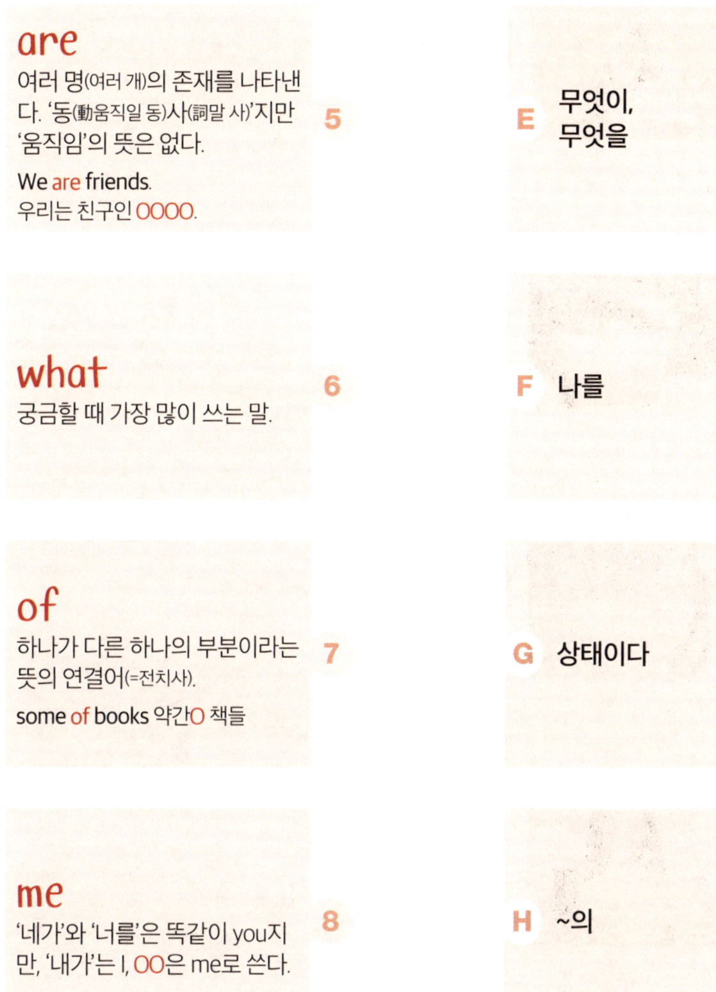

are
여러 명(여러 개)의 존재를 나타낸다. '동(動움직일 동)사(詞말 사)'지만 '움직임'의 뜻은 없다.
We **are** friends.
우리는 친구인 OOOO.

5

E 무엇이, 무엇을

what
궁금할 때 가장 많이 쓰는 말.

6

F 나를

of
하나가 다른 하나의 부분이라는 뜻의 연결어(=전치사).
some **of** books 약간O 책들

7

G 상태이다

me
'네가'와 '너를'은 똑같이 you지만, '내가'는 I, OO은 me로 쓴다.

8

H ~의

know [nou=노우]

알다⑧

know

in [in=인]

~안에⑳

in

go [gou=고우]

가다⑧

go

this [ðis=디스]

이⑭ 이것⑭

this

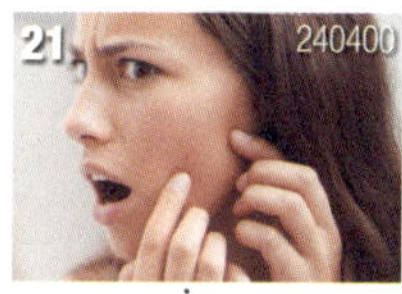

get [get=겓(ㅌ)]

생기다^동

no [nou=노우]

아닌^한

for [fɔːr=포얼]

~을 위해^전

we [wiː=위이]

우리가^대

know
물음표가 마침표가 되는 이해의 순간.
비 understand 이해하다

1

A 가다

in
무언가가 '둘러싸인 OO 있다'는 뜻의 연결어(전치사).
반 out 밖에

2

B 이,
이것

go
이동을 말할 때 가장 많이 쓰는 말. 목적지에 도착해야 이 행동이 완성된다.
I go home. 나는 집에 OO.
반 come 오다

3

C 알다

this
가까이 있는 것을 가리킬 때.
반 that 저것
비 these 이것들

4

D ~안에

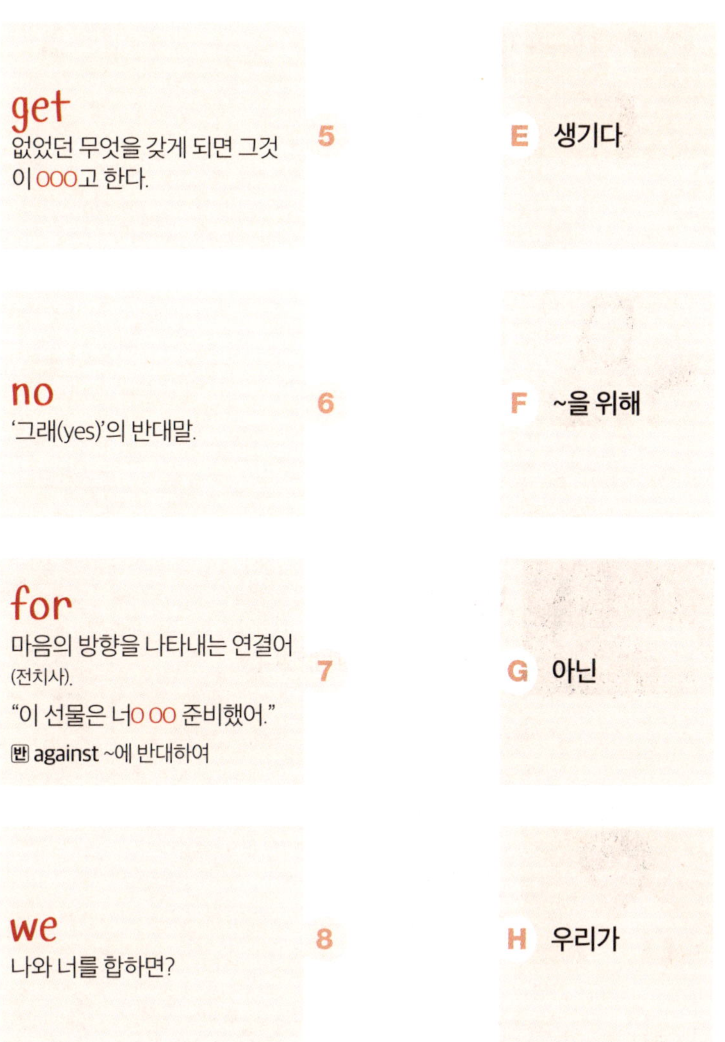

get
없었던 무엇을 갖게 되면 그것
이 ○○○고 한다.   5

E 생기다

no
'그래(yes)'의 반대말.   6

F ~을 위해

for
마음의 방향을 나타내는 연결어
(전치사).   7
"이 선물은 너○ ○○ 준비했어."
반 against ~에 반대하여

G 아닌

we
나와 너를 합하면?   8

H 우리가

he [hi=히]

그가㈛

he

my [mai=마이]

나의㈎

my

was [wəz=워즈]

(한 개/한 명의) 상태였다㈌

was

just [ʤʌst=져스트]

단지㈒ 딱㈒

just

will [wil=윌]

~할 것이다⦿

will

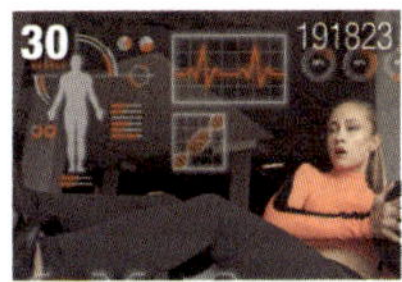

be [bi=비]

상태이다⦿

be

on [ən=언]

~에 닿아서⦿

on

your [jʊr=유얼]

너의⦿

your

he
서로 아는 남자 한 명을 가리킬 때. 문장(절)의 시작에만 쓴다. **1**

A 나의

my
내가 가진 것을 말할 때. 처음 만나서 나를 소개할 때, "OO 이름은 황의민이야." **2**
비 your 너의

B 단지, 딱

was
과거에 한 사람의 모습이나 OO. 과거의 여러 명의 모습이나 OO는 were를 쓴다. **3**

C 그가

just
OO 이유 없이 했거나, 정확함, 강조를 표현하는 말. **4**
Just do it. OO 그것을 해라.

D 상태였다

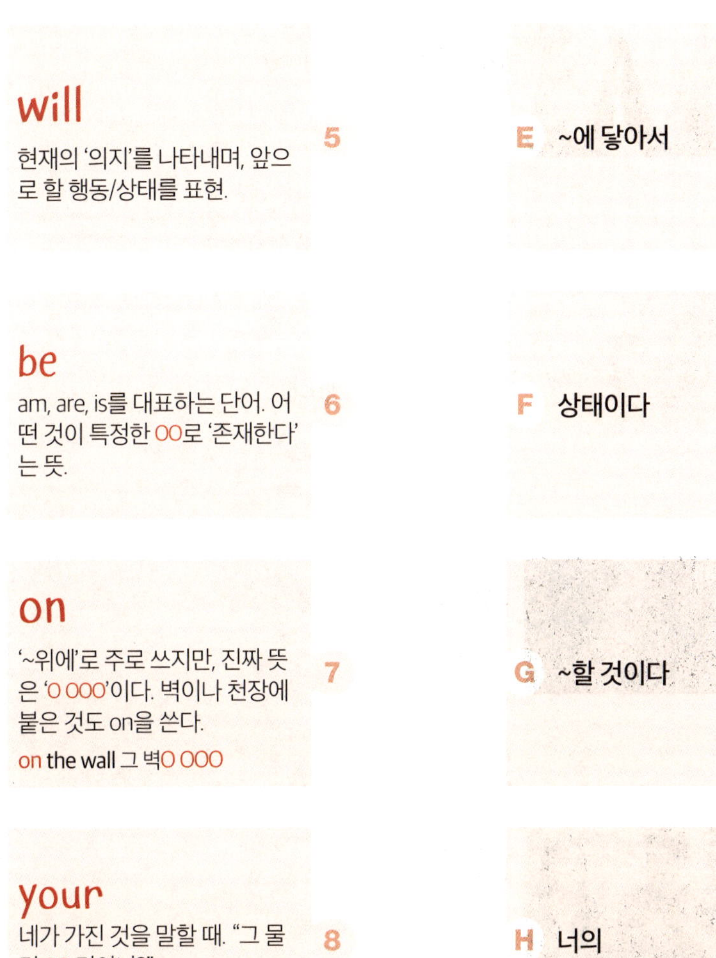

will

현재의 '의지'를 나타내며, 앞으로 할 행동/상태를 표현.

5

E ~에 닿아서

be

am, are, is를 대표하는 단어. 어떤 것이 특정한 OO로 '존재한다'는 뜻.

6

F 상태이다

on

'~위에'로 주로 쓰지만, 진짜 뜻은 'O OOO'이다. 벽이나 천장에 붙은 것도 on을 쓴다.
on the wall 그 벽O OOO

7

G ~할 것이다

your

네가 가진 것을 말할 때. "그 물건 OO 것이니?"
비 my 나의

8

H 너의

with [wið=윋(ㄸ)]

~와 함께(전)

with

so [sou=쏘우]

그래서(접) 그렇게(나)(부)

so

but [bʌt=벝(ㅌ)]

그러나(접)

but

she [ʃiː=쉬]

그녀가(대)

she

all [ɔːl=얼]

모든⁽한⁾ 모든 것⁽대⁾

all

well [wel=웰]

잘⁽부⁾

well

think [θiŋk=띵ㅋ]

생각하다⁽동⁾

think

want [wɑːnt=원트]

원하다⁽동⁾

want

with

'have(지니다)'의 뜻을 가진 연결어(전치사).

Write **with** a pencil.
연필O OO 적어라.
(반) without ~없이

1

A ~와 함께

so

결과를 말하기 직전에 쓰는 말.
"밥을 많이 먹었어. **OOO 배가 불렀어.**"

(비) therefore 따라서

2

B 그러나

but

앞뒤 내용이 반대될 때 쓰는 연결어(접속사). "나는 민트 초코를 좋아해, **OOO** 너는 싫어하지."

(반) and 그리고

3

C 그래서, 그렇게

she

서로 아는 '그 여자'를 한 단어로 줄이면?

(반) he 그가

4

D 그녀가

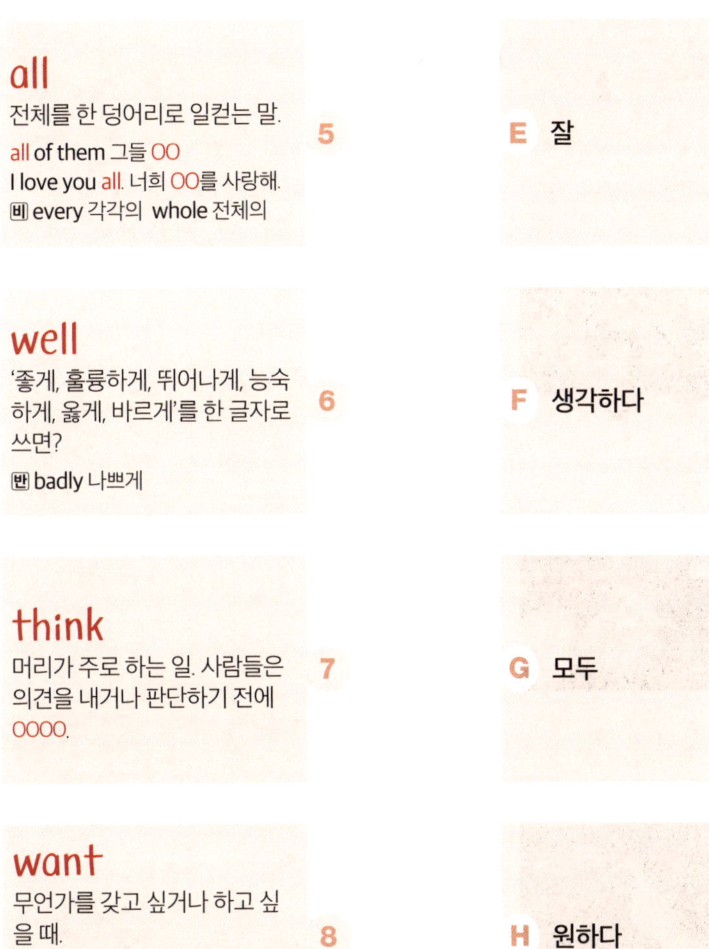

all
전체를 한 덩어리로 일컫는 말.
all of them 그들 OO
I love you all. 너희 OO를 사랑해.
비 every 각각의 whole 전체의

5

E 잘

well
'좋게, 훌륭하게, 뛰어나게, 능숙하게, 옳게, 바르게'를 한 글자로 쓰면?
반 badly 나쁘게

6

F 생각하다

think
머리가 주로 하는 일. 사람들은 의견을 내거나 판단하기 전에 OOOO.

7

G 모두

want
무언가를 갖고 싶거나 하고 싶을 때.
I want the toy.
나는 그 장난감을 OOO.
비 need 필요하다

8

H 원하다

6ᵃ 음악 연상 / 세 번 쓰기

about [əbáut=어바웉(ㅌ)]

~에 관해⒠

about

right [rait=롸잍]

옳은⒣ 오른쪽인⒣

right

did [did=딛(ㄷ)]

했다⒟

did

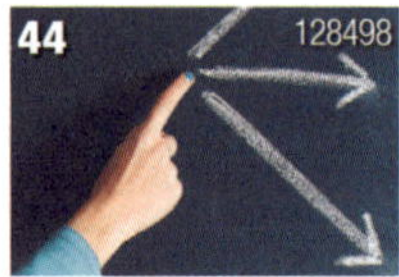

here [hiər=히얼]

여기⒤

here

out [aut=아웉(트)]

밖에 ⁽부⁾

out

there [ðɛər=데얼]

저기 ⁽부⁾

there

like [laik=라잌(크)]

좋아하다 ⁽동⁾

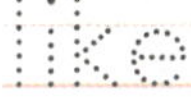

like

yeah [jea=예아]

응 ⁽감⁾

yeah

about
어떤 것의 주변에 있는 OO된 것들을 연결하는 말.
비 around ~의 주위에

1

A 옳은,
오른쪽

right
'wrong(틀린)'의 반대말이자,
'left(왼쪽)'의 반대말.
글을 쓰거나 밥을 먹을 때는 주로 OO손으로 먹는다.

2

B ~에 관해

did
과거에 한 행동을 일컫는 말. do의 과거형. 주로 부정문이나 의문문을 만들 때 쓴다.
I did not. 나는 OO 않았다.

3

C 여기

here
가까운 곳을 가리키는 말.
Come here. OO로 와.
반 there 저기

4

D 했다

out
경계를 넘어선 곳.
Go out. OO 가라.
⟮반⟯ in 안으로, 안에서

5

E 좋아하다

there
먼 곳을 가리키는 말.
⟮반⟯ here 여기

6

F 밖에

like
사랑의 동생이자 호감의 첫 단계.
I like you. 나는 너를 OOOO.
⟮반⟯ dislike 싫어하다

7

G 응

yeah
친한 사이에서 '예(yes)'를 편하
게 말할 때.
⟮반⟯ nope 아니

8

H 저기

♪ 7ᵃ 음악 연상 / 세 번 쓰기

if [if=잎(프)]

~한다면㉒

_if_

her [hər=헐]

그녀의㉠ 그녀를㉡

her

okay [oukéi=오우케이]

괜찮아㉧

okay

can [kæn=캔]

~할 수 있다㉙

can

come [kʌm=컴]

오다 ⑧

come

say [sei=쎄이]

말하다 ⑧

say

up [ʌp=엎]

위쪽으로 ⑨ ~의 위쪽으로 ⑳ 완전히 ⑨

up

now [nau=나우]

지금 ⑨

now

if
현실과 상상 사이에 놓인 조건의 다리.
If you're sick... 네가 아프OO...

1

A ~한다면

her
'누가(주어)'자리의 그녀는 she.
'무엇을(목적어)' 자리에 '그녀'는 her.
I like her. 나는 OOO 좋아한다.

2

B 괜찮아

okay
yes보다 친근한 느낌의 긍정 표현.

3

C 그녀의,
그녀를

can
행동의 '가능성, 능력'을 나타내는 조동사.
I can swim. 나는 수영O OOO.
⑪ can't ~할 수 없다

4

D ~할 수 있다

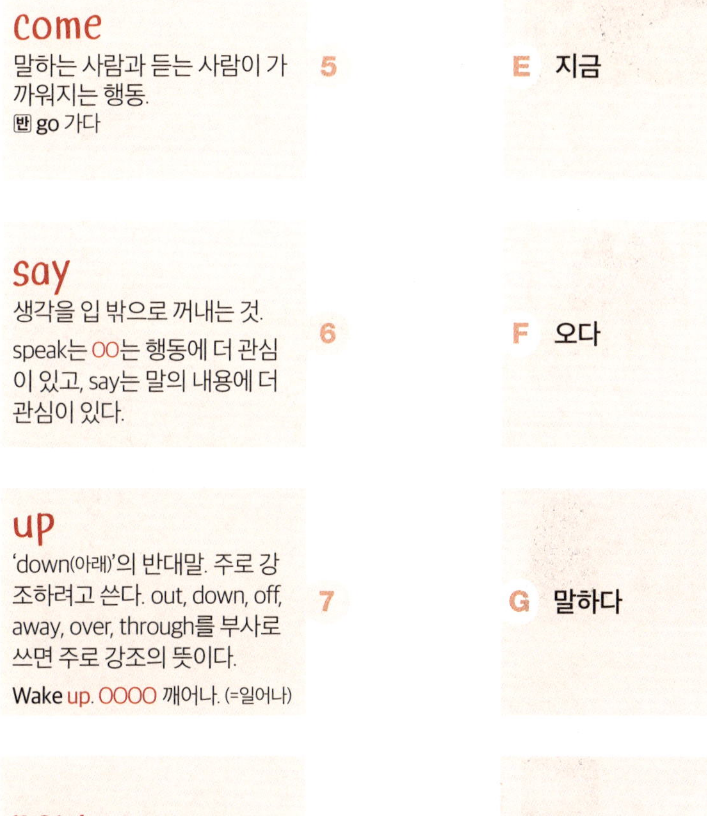

come
말하는 사람과 듣는 사람이 가까워지는 행동.
[반] go 가다

5

E 지금

say
생각을 입 밖으로 꺼내는 것.
speak는 OO는 행동에 더 관심이 있고, say는 말의 내용에 더 관심이 있다.

6

F 오다

up
'down(아래)'의 반대말. 주로 강조하려고 쓴다. out, down, off, away, over, through를 부사로 쓰면 주로 강조의 뜻이다.
Wake up. OOOO 깨어나. (=일어나)

7

G 말하다

now
말하고 있는 현재의 순간.
Let's go now! 우리 OO 가자!
[반] then 그때

8

H 위쪽으로, 완전히

him [him=힘]

그를⒟

him

they [ðei=데이]

그들이⒟ 그것들이⒟

they

tell [tel=텔]

말해주다⒟

tell

how [hau=하우]

어떻게⒟ 얼마나⒟

how

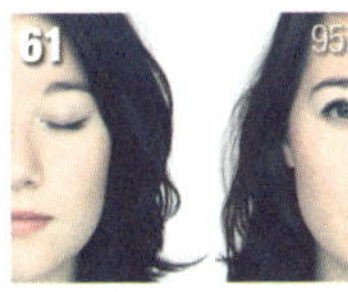

see [siː=씨이]

보이다⑧

see

at [æt=앹]

~의 지점에서㉑

at

look [luk=룩]

눈을 향하다⑧

look

one [wʌn=원]

(어떤 사람/물건) 하나㉟ 하나인㉭

one

him

'그가'는 he, 'OO'은 him이다. 문장의 중간이나 끝에 '그 남자'를 쓰고 싶을 때.

I like him. 나는 OO 좋아한다.

1

A 그를

they

내가 함께 있는 여러 명은 'we(우리가)', 내가 없는 여러 명은 'they(OOO)'. 문장의 시작에만 쓴다.

They are happy. OOO 행복하다.

2

B 어떻게, 얼마나

tell

친구의 귀에 가까이 간 이유는 조용히 OOOO 위해서.

say는 말의 '내용'에, tell은 상대에게 '전달'되는 것에 더 관심이 있다.

3

C 말해주다

how

'방법', '정도'가 궁금할 때.

How do you know it? 너는 OOO 그것을 알아?

4

D 그들이

see

감았던 눈을 뜨면 알게 되는 것.

I see. 나는 OOO(=이해된다).

5

E 눈을 향하다

at

점으로 찍은 위치를 가리키는 연결어(전치사).

6

F ~의 지점에(서)

look

see는 보는 '내용'에, look은 보는 '행동'에 더 관심이 있다.

Look at me.
나(의 한 지점)으로 OO OOO.

7

G 하나

one

수를 셀 때 가장 먼저 나오는 자연수. OO인 '사람'이나 '물건' 대신 쓸 수도 있다.

I have one. 나는 OO를 갖는다.
비 single 단일의 first 첫 번째

8

H 보이다

9ᵃ 음악 연상 / 세 번 쓰기

make [meik=메잌(크)]

만들다동

make

really [ríəli=뤼얼리]

정말부

really

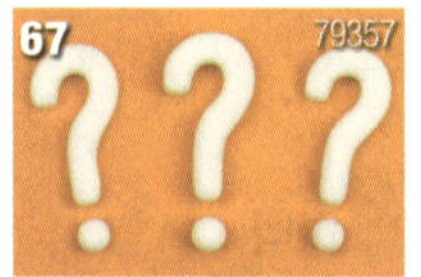

why [wai=와이]

왜부

why

us [ʌs=어스]

우리를대

us

take [teik=테잌(ㅋ)]

가져가다⑧

good [gud=굳(ㄷ)]

좋은⑧

time [taim=타임]

시간⑲ ~번 (횟수)⑲

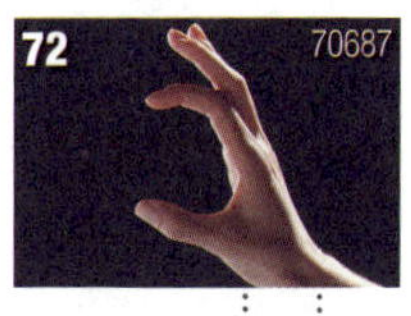

could [kud=쿧(ㄷ)]

~할 수도 있다㉠

make
재료와 의지가 만나 탄생하는 새로운 존재.
반 destroy 파괴하다

1

A 만들다

really
의심의 물음표를 느낌표로 바꾸고 싶어하는 말.
비 trully 진실로 actually 실제로

2

B 왜

why
원인과 결과 사이를 잇는 탐구의 다리.
Why are you late?
너는 O 늦었니?

3

C 정말

us
우리'가'는 we, OOO은 us.
Help us. OOO 도와줘.

4

D 우리를

take

have와 go를 합친 행동. 물건을 현재 있는 곳에서 빼앗아 어딘가로 옮기는 것.

Take this book. 이 책을 OOOO.
🔄 bring 가져오다 give 주다

5

E 좋은

good

완벽하지 않아도 충분한 만족의 기준.

Good morning. OO 아침.
🔄 bad 나쁜

6

F 시간,
~번

time

숫자나 바늘이 알려주는 '때'. 모든 휴대폰과 컴퓨터 화면의 모퉁이에 적혀있다.

three times 세 O

7

G 가져가다

could

can의 과거 형태지만, 과거에 쓰기보다는, 주로 현재나 미래에 can을 약하게 표현한다.

8

H ~할 수도 있다

as [æz=애즈]

~로서㉠ ~만큼㉡

as

who [huː=후]

누가㈐ 누구를㈐

who

when [wen=웬]

~할 때㉡

when

love [lʌv=럽(ㅂ)]

사랑하다㉢ 사랑㉣

love

77 `64426`

thing [θiŋ=띵]

것⁽대⁾ 물건⁽명⁾

thing

78 `691115`

back [bæk=백(ㅋ)]

뒤로⁽부⁾ 돌아서⁽부⁾

back

79 `63023`

were [wər=월]

(여러 개/여러 명의) 상태였다⁽동⁾

were

80 `62602`

can't [kænt=캔(ㅌ)]

~할 수 없다⁽조⁾

can't

as

두 대상을 '똑같이' 라고 비교하는 말.

I love tea **as** much **as** milk.
나는 우유OO 차를 많이 좋아한다.
📵 like ~같이

1

A 누가,
누구를

who

이름이나 신분을 알고 싶을 때.
Who are you? 당신은 OO입니까?
📵 which 어느 것

2

B ~처럼,
~만큼

when

시간을 물어보는 말.
When are you coming home?
너는 OO 집에 와?

3

C 사랑하다

love

주면 줄수록 커지는 보물. 상처 받을 줄 알면서도 뛰어드는 달콤한 절벽.

4

D ~할 때

thing

이름을 모르는 모든 물건이나 상황의 별명.

That's a good thing.
저것은 한 좋은 O이다.

5

E 상태였다

back

front(앞)의 반대 방향.

Come back home! 집에 OO와!

6

F 것,
물건

were

'한 개'의 과거 OO는 was를 쓰고, '여러 개'는 were를 쓴다.

만 weren't OO가 아니었다.

7

G 뒤,
돌아서

can't

능력이나 가능성이 '없음'을 나타내는 말.

can't는 can not을 줄여 쓴 것.
I can't swim. 나는 수영O O OO.

8

H ~할 수 없다

신데렐라의 비밀 관련 단원 1-10

옛날 옛적에 신데렐라가 살았는데, she는 매일 계모와 언니들 대신 집 안일을 did했다. 어떤 힘든 work도 척척 해내는 모습이 보통의 사람 같지 않았다. 그럼에도 계모와 언니들은 항상 신데렐라는 good하지 않다고 say했다.

어느 날 왕자의 파티 초대장이 와서 신데렐라는 I 도 go하고 싶다고 하였지만, 계모는 비웃었다.

　"너 같은 애가 what을 입을 수 있겠어?"

　"Why 저만 이렇게 힘들게 살아야 해요?"

　그때 요정이 나타났다.

　"걱정 don't, 내가 make해줄게!"

　요정이 지팡이를 흔들자 호박이 마차로 변했고, 신데렐라의 옷과 신발은 아름답게 변했다.

　"Now, 어서 가!" "하지만 기억해, 자정이 되면, all 원래대로 back 할 거야."

신데렐라는 파티장에 도착하자, 왕자가 다가와서 말했다.

　"Who세요?"

　"나 am 평범한 소녀예요."

---

　she 그녀가　did 했다　work 일　good 좋은　say 말하다　I 내가　go 가다　what 무엇　Why 왜　don't ~하지 않다　make 만들다　Now 지금　all 모든 것　back 돌아가다　Who 누구　am 상태이다

"No, 당신 are 정말 특별해요."

둘은 춤추고 talk하며 love에 빠졌다. But 자정 종이 울릴 무렵,

"Time이 됐어요! go해야 해요!"

신데렐라는 뛰어가며 계단에서 유리구두 하나를 떨어뜨렸다. 왕자는 유리구두를 주워서 her를 how 찾을 수 있을지 고민했다.

다음 날 왕자가 유리구두를 들고 신데렐라의 집에 come했다. 언니들이 my 신발이라며 우겼지만 맞지 않았다. 하지만 신데렐라에게는 구두가 딱 맞았다. he는 말했다.

"Right! Want하신다면 결혼해 주세요."

"But 사실 나는 평범하지 않아요."

신데렐라는 가면을 벗었다. 건포도처럼 주름진 피부에 큰 눈을 가졌고, 머리 위의 작은 더듬이 두 개 of 끝이 반짝였다. 그녀는 외계인이었다! 그 때 왕자에게 tell했다.

"This가 진짜 나야."

힘든 집안일을 쉬지 않고 could do했던 비결이 바로 as외계인이었기 때문이다. 왕자는 깜짝 놀랐지만, 마음을 진정하고 말했다.

"Well, 상관없어. 사랑 is 중요하니까"

과연 둘은 오래오래 행복하게 살았을까?

No 누구도 아닌 are 상태이다 talk 대화하다 love 사랑하다 But 그러나 Time 시간 go 가다 her 그녀를 how 어떻게 come 오다 my 나의 he 그가 Right 옳은 Want 원하다 But 그러나 of ~의 tell 말해주다 This 이것 could ~할 수 있다 do 하다 as ~로서 Well 글쎄 is 상태이다

11ª 음악 연상 / 세 번 쓰기

from [frəm=프뤔]

~로부터⁽전⁾

from

hey [hei=헤이]

야, 이봐⁽감⁾

hey

something [sʌ́mθiŋ=썸띵]

어떤 것⁽대⁾

something

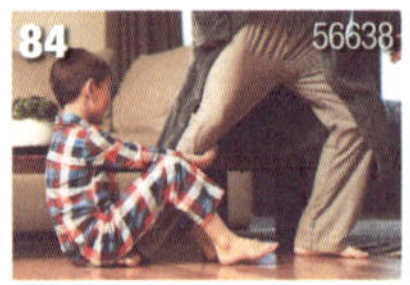

need [niːd=니이드]

필요하다⁽동⁾

need

yes [jes=예스]

예⒢

yes

his [hiz=히즈]

그의⒣

his

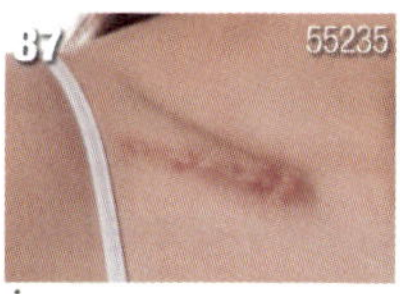

been [bin=빈]

상태인 적이 있다 (be의 과거분사)

been

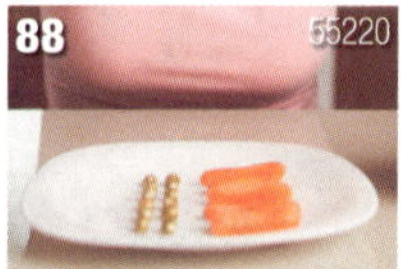

some [sʌm=썸]

약간의⒣ 약간⒟

some

11b 퍼즐 연상

from
어디서 출발했는지 말할 때.
I came from Korea.
나는 한국으O OO 왔다.
囝 to ~로

1

A 야,
이봐

hey
누군가의 관심을 끌거나 부를
때 쓰는 말.
Hey, John! O, 존!

2

B 어떤 것

something
무엇인지 정확히는 모르지만,
분명히 있는 OO O을 말할 때.
I want to eat something.
나는 OO O을 먹고 싶어.
囝 nothing 아무 것도 없음

3

C ~로 부터

need
어떤 것이 꼭 있어야할때쓰는말.
I need your help.
나는 너의 도움이 OOOO.

4

D 필요하다

yes

고개를 위아래로 움직이면 나타나고, 좌우로 움직이면 사라지는 말.

⑪ no 아니, 아닌

5

E 약간의

his

남자의 소유를 나타내는 말. '그가'는 he를 쓰고 OO는 his를 쓴다.

It is his book. 그것은 OO 책이다.

6

F 예

been

have 바로 뒤에 be동사를 쓸 때. 과거의 상태를 해본 현재.

I have been there.
나는 거기에 있는 OOO OOOO.

7

G 그의

some

있다고 생각되는 적은 양을 말할 때.

some people OOO 사람들
⑪ any (없을 것 같은) 약간의

8

H 상태인 적이 있다

or [ɔːr=오얼]

또는㉑

or

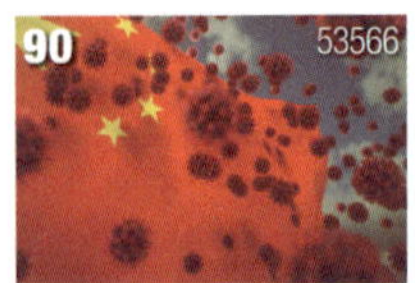

because [bikɔ́ːz=비커즈]

~하기 때문에㉑

because

talk [tɔːk=턱(ㅋ)]

대화하다㉓

talk

had [hæd=핸(ㄷ)]

가졌다㉓

had

93 51466

way [wei=웨이]

길⁽명⁾ 방법⁽명⁾

way

94 50961

thank [θæŋk=땡ㅋ]

감사하다⁽동⁾

thank

95 49832

an [ən=언]

한⁽한⁾ (모음 시작 명사 앞)

an

96 48619

give [giv=깁(ㅂ)]

주다⁽동⁾

give

12b 퍼즐 연상

or
둘 중 하나를 선택할 때.
Tea or coffee? 차 OO 커피?

1

A ~하기 때문에

because
'왜 그랬는지' 이유를 쓰기 위한
말. 동사 뒤에 붙여 해석한다.
becasue I was hungry
내가 배고픈 상태OO OOO

2

B 가졌다

talk
말로 생각이나 경험을 나누는
것. 카페에서 음료수 마시는 것
말고 주로 하는 일.
Talk to mom. 엄마에게 OOOO.

3

C 또는

had
have의 과거형. 과거에 소유했
던 행동.
She had a dog.
그녀는 한 개를 OOO.
반 hadn't 가지지 않았다

4

D 대화하다

way

도착지나 원하는 것에 도달하기 위한 수단과 OO.

I did it my way.
나는 그것을 내 OO대로 했다.
비 method 방법

5

E 한

thank

도움이나 친절에 대해 표현하는 마음. 주어(I)를 생략하고 쓰는 경우가 많다.

(I) **Thank** you.
(나는) 당신에게 OOOO.

6

F 길,
방법

an

명사가 'ㅇ(이응, 영어의 모음)'으로 시작하면, 앞에 a 대신 an을 붙인다. 뜻은 O.

an apple. [언 애플] O 사과

7

G 주다

give

자신의 것을 다른 사람에게 건네는 행동.

반 take 가져가다

8

H 감사하다

little [lítl=리틀]

작은⁽형⁾

little

does [dʌz=더즈]

한다⁽동⁾ (do의 3인칭 형태)

does

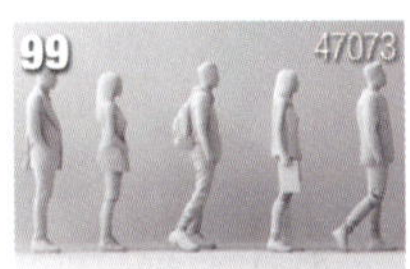

them [ðem=뎀]

그들을⁽대⁾

them

where [wɛər=웨얼]

어디⁽부⁾

where

101 44728

never [névər=네벌]

절대 ~하지 않다⒡

never

102 43360

too [tuː=투우]

너무⒡ 또한⒡

too

103 43033

man [mæn=맨]

남자⒨

man

104 42583

guy [gai=가이]

녀석⒨ 친구⒨

guy

little
크기나 양이 보통보다 작은 것.
a little prince 한 OO 왕자
비 few (수가) 적은
비 small (크기가) 작은
반 big 큰

1

A 한다

does
'그'나 '그녀'의 행동을 일컫는다.
He does homework.
그는 숙제를 OO.
반 doesn't 하지 않는다

2

B 어디

them
나를 제외한 여러 명을 대상으로 쓸 때. '그들이'는 they, 'OOO' 은 them.

3

C 그들을

where
장소를 물어볼 때.
Where are you? 너는 OO있어?

4

D 작은

never

지금껏 한 번도 안 했거나, 앞으로 한 번도 하지 않을 것. 주로 강조하려고 쓴다.

not + ever = never

5

E 녀석

too

적당함을 넘은 '지나침'을 나타내는 말. 주로 강조하려고 쓴다.

It's too hot.
그것(날씨)가 OO 덥다.

6

F 너무,
또한

man

소년이 시간을 먹고 자란 모습.

[비] male 수컷
[반] woman 성인 여자

7

G 남자

guy

주로 남자, 또는 성별 상관없이 가까운 사이를 친근하게 부르는 말.

He's a nice guy.
그는 좋은 OO이다.

8

H 절대 ~하지
않다

should [ʃud=슈드]

(내 생각에는) ~해야 한다㉠

should

feel [fiːl=피을]

느끼다㉦

feel

our [auər=아월]

우리의㉠

our

call [kɔːl=컬]

부르다㉦ 전화하다㉦

call

109 41618

find [faind=파인드]

찾다⑧

find

110 41238

try [trai=트롸이]

시도하다⑧

try

111 40757

sure [ʃuər=슈얼]

확신하는⑲

sure

112 40239

more [mɔːr=모얼]

더 많은

more

should

올바른 선택이 무엇인지 자신의 생각을 말할 때.

She **should** study harder for the test. 그녀는 시험을 위해 더 열심히 공부OO OO.

1

A 우리의

feel

마음이 몸으로 전하는 신호.

I **feel** good today.
나는 오늘 좋게 OOO.
비 sense 감지하다

2

B 부르다, 전화하다

our

너와 나의 것을 합쳐서 말할 때.
우리'가'는 we, OOO는 our.

our book OOO 책
반 their 그들의

3

C ~해야 한다

call

소리내서 부르거나 연락하는 것.

It **calls** for action. 그것은 행동을 위해 OOO.(=행동이 필요하다)

4

D 느끼다

find

잃어버린 것, 숨겨진 것을 발견하는 것.

(비) discover 발견하다
(반) lose 잃다

5

E 시도하다

try

실패할 수 있어도 해보는 용기. '노력하다'로도 쓸 수 있다.

I tried my best.
나는 최선을 다하려고 했다.
(반) give up 포기하다

6

F 확신하는

sure

의심이 없는 상태, 자신 있게 '맞아!'라고 할 수 있는 말.

Are you sure about this?
당신은 이거 OO해요?
(비) certain 확실한

7

G 더 많은

more

아직 만족할 수 없을 때 쓰는 말.
many, much의 강조 형태(비교급).

Give me more water.
제게 O OO 물을 주세요.
(반) less 더 적은

8

H 찾다

113 40001

over [óuvər=오우벌]

~위에⁽전⁾ 끝나서⁽부⁾

over

114 39854

sorry [sɔ́ːri=써뤼]

미안한⁽형⁾

sorry

115 38179

work [wəːrk=월크]

일하다⁽동⁾

work

116 37814

am [æm=앰]

(나의) 상태이다

am

may [mei=메이]

~할 것 같다⊙

may

down [daun=다운]

아래로⊙⊙

down

has [hæz=해즈]

가지다⊙ (have의 3인칭 형태)

has

very [véri=베뤼]

매우⊙

very

over

무언가를 넘어서거나 완료됐음을 나타낸다.

비 above ~위에
반 under ~아래에

1

A (나의) **상태이다**

sorry

잘못을 인정하는 용기. 또는 상대방에 대해 마음이 불편하거나 마음이 아플 때.

I'm sorry to hear that.
저 말을 들으니 안타깝네요.

2

B ~위에,
끝나서

work

아이들이 학교에서 공부할 동안, 어른들은 회사에서 '이것'을 해서 땀을 돈과 보람으로 만든다.

반 rest 쉬다

3

C 미안한

am

내가 세상에 '있음'을 나타내는 동사.

4

D 일하다

may

가능성과 허락을 담은 말.

It **may** rain tomorrow.
내일 비가 올 O OO.
May I use your phone?
당신의 전화를 써도 **될까요?**

5

E 아래로

down

up(위쪽으로)의 반대말.
기분이 OOO 가면 '우울하다'.
Please sit down.
OOO 앉아 주세요.

6

F ~할 것 같다

has

내가 OO 것은 have를 쓰지만,
한 남자나 여자가 OO 것은 has
를 쓴다.

7

G 매우

very

강한 정도를 나타내는 말. 사람
들이 OO 좋아하는 과일인 '딸기
류(berry)'와 발음이 비슷하다.

I'm **very** happy.
나는 OO 행복하다.

8

H 가지다

by [bai=바이]

~옆에⁽전⁾ ~의해⁽전⁾

by

life [laif=라잎(프)]

삶⁽명⁾

life

wait [weit=웨잍]

기다리다⁽동⁾

wait

help [help=헬ㅍ]

돕다⁽동⁾

help

125   34635

anything [éniθiŋ=에니띵]

무엇이든

anything

126   34568

said [séd=쎋(ㄷ)]

말했다⑧ (say의 과거형)

said

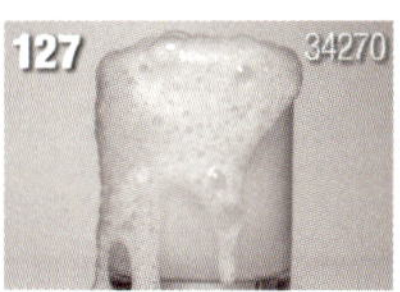

127   34270

much [mʌtʃ=머취]

(양이) 많은⑱ 많게⑯ 많음㉝

much

128   34203

any [éni=에니]

약간의⑲ 약간㉝

any

by
옆에 있거나, 영향을 받을 때 쓰는 전치사.
비 near ~가까이에, 가까운

1

A 기다리다

life
첫 울음과 마지막 숨 사이의 긴 여행. death(죽음)의 반대말.

2

B 돕다

wait
아직 익지 않은 열매를 바라보는 눈길. 버스 타기 전에 정류장에서 꼭 하는 것.

3

C ~옆에,
~에 의해

help
부족함을 채워주는 사랑의 다리.

4

D 삶

anything

없을 것 같거나, 형태가 확실하지 않은 어떤 것.

He didn't say anything.
그는 OOOO 말하지 않았다.

5

E 무엇이든

said

시간 속에 박제된 목소리의 화석.
i발음을 안 하므로, 쎄이드 X, 쎋 (ㄷ) O.

6

F 약간의

much

little(적은, 적게)의 반대말. many는 한정사(a, the같은 역할)로만 쓰지만, much는 부사나 대명사로도 쓸 수 있다.

7

G 말했다

any

없다고 생각되는 적은 양.

반 some (있다고 생각되는) 적은 양

8

H (양이) 많은, 많이

off [ɔːf=엎(ㅍ)]

129 33887

떨어져서⑼⑴

off

please [pliːz=플리이즈]

130 33628

제발⑷

please

only [óunli=오운리]

131 30599

오직⑼⑼

only

thought [θɔːt=떠얼]

132 30211

생각했다⑼ 생각⑼ (think의 과거형)

thought

133 29788

two [tuː=투우]

둘인^형

two

134 29309

people [píːpl=피이플]

사람들^명

people

135 29073

day [dei=데이]

날^명

day

136 29016

keep [kiːp=키잎]

유지하다^동

keep

off

on(닿아서)의 반대말.

Turn off the light.
불을 꺼라(스위치가 OOOO).

1

A 생각했다,
생각

please

거절하기 힘들게 하는 말.
Please don't go. OO 가지 마.

2

B 떨어져서

only

특별함과 외로움이 동시에 숨
쉬는 단어.

Only you can help me.
OO 너만이 나를 도울 수 있다.

3

C 제발

thought

think의 과거형. 특이하게 명사
로도 쓴다.

That is a good thought.
저것은 좋은 OO이야.

4

D 오직

two
짝을 이루려면 반드시 있어야 되는 숫자.

5

E 둘인

people
사람이 한 명이면 a person, 여러 명이면 주로 people을 쓴다.

6

F 유지하다

day
해가 떠서 다시 뜨기 까지의 기간. 또는 night(밤)의 반대말.

I'll travel the world one day.
한 O(=언젠가) 세계 여행을 할 거야.
비 date 날짜 반 night 밤

7

G 사람들

keep
소중한 것을 잃지 않도록 계속 가지고 있는 것.

Keep your room clean.
너의 방을 깨끗하게 OOOO.
비 hold 잡고있다 반 release 놓다

8

H 날,
낮

18ⓐ

137 28502

god [gad=갇(ㄷ)]

신⒨

god

138 28430

show [ʃou=쇼우]

보여주다⒟

show

139 28355

nothing [nʌ́θiŋ=나띵]

아무것도 없음⒟

nothing

140 27354

into [íntu=인투]

~안으로⒟

into

again [əgén=어겐]

다시 ⁽부⁾

again

great [greit=그뤠잍(트)]

훌륭한 ⁽형⁾

great

ask [æsk=애스크]

묻다 ⁽동⁾ 요청하다 ⁽동⁾

ask

night [nait=나잍]

밤 ⁽명⁾

night

god
믿기 어려울 정도의 강한 힘을 가진 존재. 성경에서는 '하나님'을 일컫는다.

📕 lord 주님

1

A ~안으로

show
숨겨진 것을 다른 사람이 볼 수 있게 하는 것.

📕 hide 숨기다

2

B 보여주다

nothing
어떤 것(thing)이 하나도 없는(no) 것.

📕 everything 모든 것

3

C 아무것도 없음

into
in(~안에)보다 움직임과 방향(to)이 느껴지는 전치사.

📕 out of ~밖으로

4

D 신

again
이전과 같은 행동이나 상태를
반복해서 할 때.

5

E 묻다

great
good(좋은)보다 더 크고 멋진 것
을 칭찬하고 싶을 때.
🔄 terrible 끔찍한

6

F 다시

ask
정보·도움 등을 구하는 것.
She asked for help. 그녀는 도움
을 위해 OO다(=요청했다).
🔄 answer 대답하다

7

G 훌륭한

night
하늘에 달과 별이 떠 있고, 대부
분의 동물들은 잠자는 때.
🔄 day 낮

8

H 밤

🎧 영어 ▶ 한글

believe [bilíːv=빌리이브]

믿다⑧

before [bifɔ́ːr=비포얼]

~전에㉠ ~하기 전에㉡ <fore: 앞에>

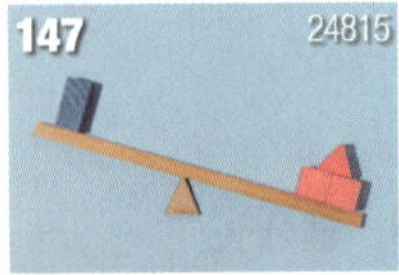

than [ðæn=댄]

~보다㉡

stop [stap=ㅅ탚(ㅍ)]

멈추다⑧

put [put=풀]

놓다 동

put

away [əwéi=어웨이]

멀리 부

away

first [fə:rst=펄스트]

첫 번째인 형 **먼저** 부

first

long [lɔ:ŋ=롱]

긴 형

long

believe

마음속으로 인정하고 받아들이는 것. 그 말을 OO때는 believe 를, 그 사람을 OO 때는 believe in을 쓴다.

비 trust 신뢰하다

1

A 믿다

before

시간·순서상에 앞선 시점.

어원 be(있음) + fore (앞에) - 앞쪽에서
반 after ~후에

2

B ~전에

than

비교할 때 주로 쓰는 말.
I am taller than you.
나는 너OO 키가 더 크다

3

C 멈추다

stop

움직임을 중단할 때 쓰는 말.

4

D ~보다

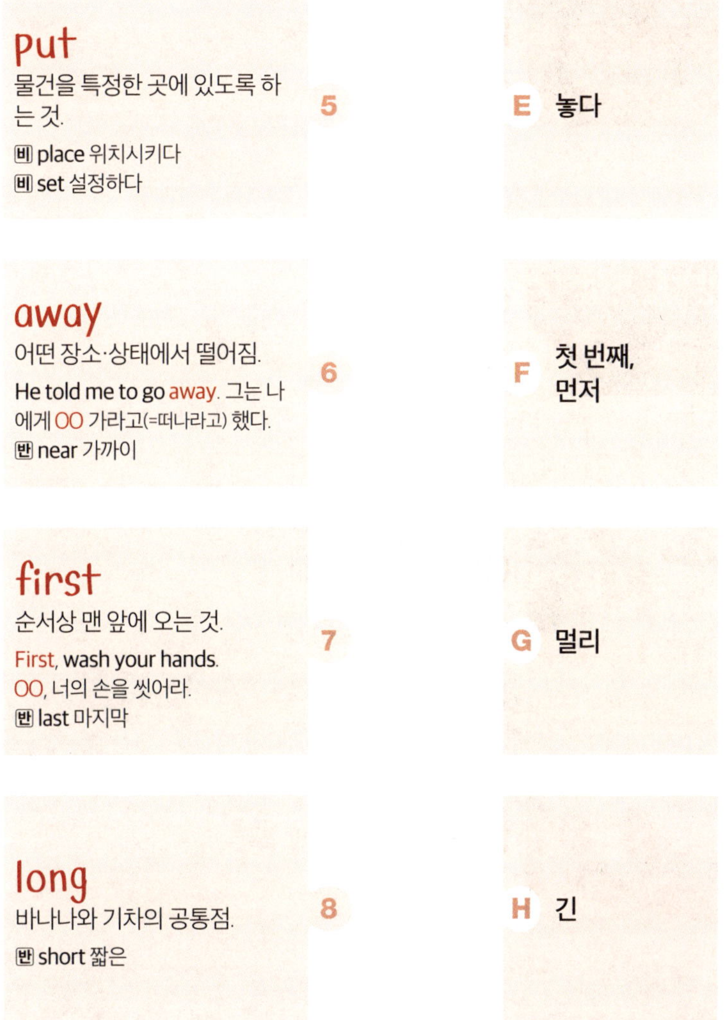

put
물건을 특정한 곳에 있도록 하는 것.
비 place 위치시키다
비 set 설정하다

5

E 놓다

away
어떤 장소·상태에서 떨어짐.
He told me to go away. 그는 나에게 OO 가라고(=떠나라고) 했다.
반 near 가까이

6

F 첫 번째,
먼저

first
순서상 맨 앞에 오는 것.
First, wash your hands.
OO, 너의 손을 씻어라.
반 last 마지막

7

G 멀리

long
바나나와 기차의 공통점.
반 short 짧은

8

H 긴

20ᵃ 음악 연상 / 세 번 쓰기

mom [mɑm=맘]

엄마 (명)

mom

dad [dæd=댇]

아빠 (명)

dad

daddy [dǽdi=대디]

아빠 (명) (아이 말투)

daddy

home [houm=호움]

가정 (명) 집 (명)

home

fine [fain=파인]

괜찮은⑲ 좋은⑲

friend [frend=프렌드]

친구⑲

kind [kaind=카인드]

친절한⑲ 종류⑲

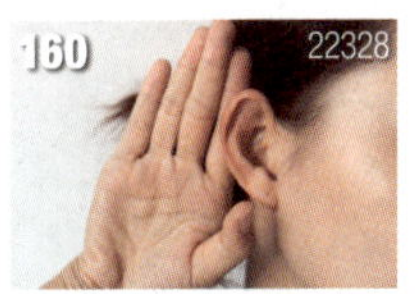

listen [lísn=리쓴]

귀 기울이다⑧

mom
세상에서 가장 따뜻한 사람.
비 mommy 엄마 (아이말투)

1

A 아빠

dad
엄마의 반려자. 삶의 기준을 알려 주는 사람. father보다 친근한 표현.

2

B 엄마

daddy
어린 아이들이 dad를 부르는 말. dad보다 친근한 표현.

명사에 y를 붙이면 애칭이 된다. Mike의 애칭은 Mikey.

3

C 가정, 집

home
하루를 마치고 지친 마음이 쉬는 곳.
비 house 주택

4

D 아빠
(아이 말투)

fine

Okay보다 좀 더 복잡한 감정(더 적극적 / 반어법)으로 '문제 없다'거나 '허락'하고 싶을 때.

I am fine. 나는 OOO.

5

E 귀 기울이다

friend

피는 섞이지 않았지만, 마음은 통하는 사람.

She is my friend.
그녀는 내 OO이다.

6

F 친구

kind

다른 사람에게 따뜻하게 대하는 마음.

He is very kind. 그는 매우 OOO다.
⑪ unkind 불친절한

7

G 친절한,
종류

listen

소리를 듣기 위해 하는 행동. hear보다 신경써서 듣는 것. 바로 뒤에 주로 to를 쓴다.

Listen to me. 내게 O OOOO.

8

H 괜찮은

내 이름은 골리앗이다. 거인 daddy의 아들이다. 우리 가족은 하늘나라에서 황금알을 낳는 거위와 행복하게 살고 있었다. 그러나 어느 day 아버지가 집에 오지 않았다. mom이 very 걱정했다. 아버지가 where 있는지 find하러 갔다.

아버지는 home 아래로 떨어져서 인간 세상에서 죽어있었다. 아버지 옆에는 잘린 콩나무가 있었다. mom은 어떤 little man이 콩나무를 잘라 아버지를 죽였을 거라고 said했다. 그리고 황금알을 낳는 our 거위도 사라졌다.

아버지가 없어지자 우리 life는 지옥이 되었다. first 문제가 생겼다. 겨울이 되자 집이 too 추워졌다. 아버지만이 마법으로 집을 따뜻하게 할 수 있었다. mom과 나는 얼어 죽을 뻔했다. 우리는 help가 필요했지만 아무도 도와주지 않았다.

more 문제는 먹을 것이 nothing이었다. 거위가 사라져서 돈이 need했지만 없었다. 우리는 배고프게 지냈다. mom은 점점 약해지셔서 결국 돌아가셨다. 나는 어린 소년이었지만 something을 해야 했다. 주변 사람들에게 구걸하며 배를 채웠다.

몇 년이 지나서 나는 어른이 되었다. 이제 그 guy를 찾을 시간이다. 얼마 전 인간 마을에서 이상한 소문을 들었다. 어떤 guy가 거인을 죽이고 거위를 훔쳤다는 이야기였다. 그 man이 바로 our 가족을 파괴한 놈이다! 사람들은 그 놈을 '잭'이라 call했다.

daddy 아빠 day 날 mom 엄마 very 매우 where 어디 find 찾다 home 집 little 작은 man 남자 said 말했다 our 우리의 life 삶 first 첫 번째 too 너무 help 도움 more 더 많이 nothing 아무것도 없는 need 필요하다 something 무언가 guy 녀석 call 부르다

나는 그를 찾아갔다. 그의 집에는 잃었던 거위가 있었다. 잭이 내 father를 죽였다는 확신이 들었다. 잭에게 said했다.

"내 이름은 골리앗이고 너는 our 가족을 파괴했다."

잭은 당황했다.

"너희 dad와 거인들은 나쁜 놈이었다."

"아버지는 단지 자기 home을 지키고 있었을 뿐이다. 심지어 인간 마을도 원래 our 것이었다. people이 우리를 하늘로 쫓아냈다."

잭의 얼굴이 하얗게 변했다. 무슨 의미냐고 ask했다. 나는 거인 역사 교과서 2장 3페이지의 사진을 show했다. 수 천 명의 people이 총과 칼을 들고 20명가량의 거인들을 쫓아내는 사진이었다. 그리고 말했다.

"너는 살인자다. 그리고 이제 내 차례다."

"나는 sorry하다. 용서해줘, please!"

"Never 용서할 수 없다! Too 늦었다!"

하지만 그를 죽이려고 칼을 높이 들었을 때, 누군가가 call했다.

"Stop! 차라리 저를 죽이세요. 제가 잘못 키웠습니다."

잭의 엄마였다. 나는 우리 엄마가 생각나서 잭을 죽일 수 없었다. 대신 올려든 칼로 옆의 거위를 down 쳐서 죽였다. 그 후 나는 away 떠났다. 잭은 돈도 없고, 죄책감에 빠져 그 day부터 never 행복하지 못했다고 들었다.

복수는 끝났다. 아버지의 영혼이 평안하길 바란다.

father 아버지 said 말했다 dad 아빠 home 집 our 우리의 people 사람들 ask 묻다
show 보여주다 sorry 미안한 please 제발 Never 절대 Too 너무 call 부르다 Stop 멈추다
down 아래로 away 멀리 day 날 never 절대

21a 음악 연상 / 세 번 쓰기

영어 ▶ 한글

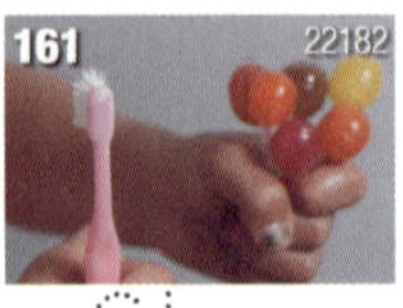

after [ǽːftər=애프털]

~후에㉠ ~한 후에㉿

after

year [jiər=이얼]

해, 연도㉳

year

big [big=빅(ㄱ)]

큰㉗

big

last [læst=래스트]

마지막의㉗ 지난㉗

last

165 21591

around [əráund=어롸운드]

~주위에⟨전⟩⟨부⟩

around

166 21086

live [liv=립]

살다⟨동⟩ 생생한⟨형⟩ [laiv=라이브]

live

167 21064

use [juːz=유우즈]

사용하다⟨동⟩

use

168 20616

kill [kil=킬]

죽이다⟨동⟩

kill

after

어떤 일이 끝난 '그 다음' 시간.

He came after all.
그는 모든 것 OOO(=결국) 왔어.
⟨반⟩ before ~전에

1

A ~후에

year

봄 여름 가을 겨울이 한 바퀴 도는 시간.

this year 이번 OO

2

B 마지막의,
지난

big

어린아이 눈에 비친 어른들의 세계.

a big house 한 O 집
⟨반⟩ small 작은

3

C 해,
연도

last

순서에서 맨 뒤. 또는, 현재를 기준으로 경험했던 맨 OOO.

I saw her last night.
나는 OO 밤에 그녀를 봤어.
⟨비⟩ final 최종의 ⟨반⟩ first 첫 번째

4

D 큰

around

어떤 것의 '주변'이나 '둘레'에 있는 것.

He ran around the park.
그는 그 공원 OOO서 달렸다.
๒ about 약~, ~에 대해

5

E 죽이다

live

들숨과 날숨 사이에서 벌어지는 존재의 기적.

I live in Seoul. 나는 서울 안에 OO.
๒ die 죽다

6

F ~주위에

use

어떤 목적을 위해 물건이나 능력을 활용하는 것.

Can I use the phone?
내가 그 전화를 OOO 수 있나요?

7

G 살다

kill

생명의 불꽃을 꺼뜨리는 어둠의 손길.

Kill the bug. 그 벌레를 OOO.
๒ save 구하다

8

H 사용하다

start [staːrt=스탈트]

시작하다 동

start

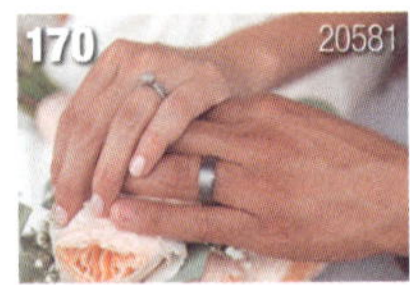

always [ɔːlweiz=얼웨이즈]

항상 부 <al=all: 모두>

always

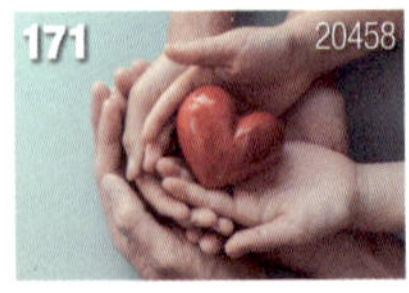

care [kɛər=케얼]

신경 쓰다 동

care

stay [stei=스테이]

머무르다 동

stay

173 19609

girl [gəːrl=걸을]

여자 아이⁽ᵖ⁾

girl

174 19049

late [leit=레잍]

늦은⁽ᵖ⁾ 늦게⁽ᵖ⁾

late

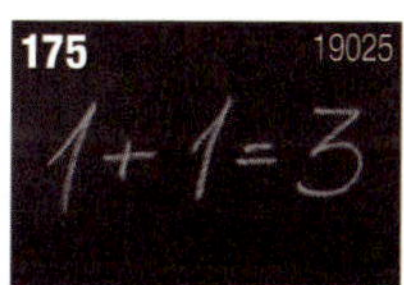

175 19025

wrong [rɔːŋ=륑]

틀린⁽ᵖ⁾

wrong

176 18860

new [njuː=뉴우]

새로운⁽ᵖ⁾

new

start
준비가 끝나면 하는 행동.
(비) begin 시작하다
(반) stop 멈추다

1

A 신경 쓰다

always
언제나 변치 않는 것.
(어원) al(모든) + ways(방법들)

2

B 시작하다

care
돌보거나 걱정하는 마음. 주로
바로 뒤에 전치사(of/for)가 온다.
She cares for her grandmother.
그녀는 그녀의 할머니를 OOO.

3

C 항상

stay
어떤 장소에 '머물거나' 떠나지
않는 것.
(비) remain 남다
(반) leave 떠나다

4

D 머무르다

girl
리본과 꿈을 머리에 묶는 작은 요정.

5

E   늦은

late
시간 약속을 못 지키는 것. 형용사 부사 둘 다 쓸 수 있다. 다만, lately(최근에)는 부사로만 쓰고 뜻이 다르다.

6

F   틀린

wrong
정답이 아닌 모든 것의 특징.

반 right 옳은

7

G   새로운

new
시간의 손때가 묻지 않은 것.

반 old 오래된

8

H   여자 아이

woman [wúmən=워먼]

(성인) 여자 몡

woman

mother [mʌ́ðər=머덜]

어머니 몡

mother

bad [bæd=배드]

나쁜 혱

bad

guess [ges=게스]

추측하다 통

guess

181 18361

understand
[ʌ̀ndərstǽnd=언덜ㅅ탠디] 이해하다⑧

understand

182 18285

hi [hai=하이]

안녕⑱

hi

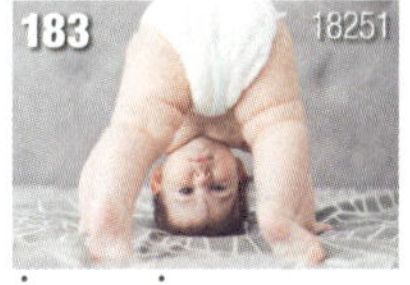

183 18251

baby [béibi=베이비]

아기⑲

baby

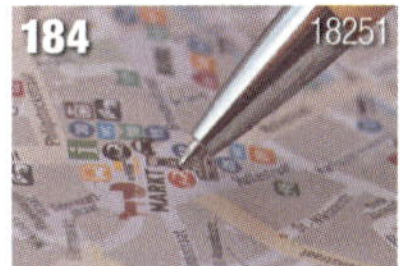

184 18251

place [pleis=플레이스]

장소⑲

place

woman
소녀가 세월을 입고 핀 꽃.

비 lady 숙녀
반 man 성인 남자

1

A 어머니

mother
자식이라는 거울에 비친 헌신의 조각상.

반 father 아버지

2

B 추측하다

bad
양심이 고개를 돌리는 잘못된 선택.

Smoking is bad for health.
흡연은 건강에 OO다.
반 good 좋은

3

C 나쁜

guess
정답과 오답 사이를 헤매는 불확실한 화살.

비 suppose 추정하다
반 know 알다

4

D 여자

understand

상대방의 말이나 상황을 제대로 파악하는 것.

어원 under(아래에) + stand(서다) 아래에서 사물의 기초를 본다.

5

E 안녕

hi

만남의 시작을 여는 짧은 인사.

반 bye 잘가

6

F 이해하다

baby

세상이 처음인 작은 기적. 사람들이 좋아하는 B로 시작하는 단어 3개 중 하나: Beauty(미인), Beast(짐승/동물), Baby(OO).

7

G 장소

place

발이 머물고 추억이 쌓이는 실제 공간.

8

H 아기

remember [rimémbər=뤼멤벌]

기억하다동 <re: 다시>

remember

father [fáːðər=파덜]

아버지명

father

marry [mǽri=매뤼]

결혼하다동

marry

run [rʌn=뤈]

달리다동

run

together [təgéðər=투게덜]

함께⁽부⁾

together

actual [ǽktʃuəl=액츄얼]

실제의⁽형⁾

actual

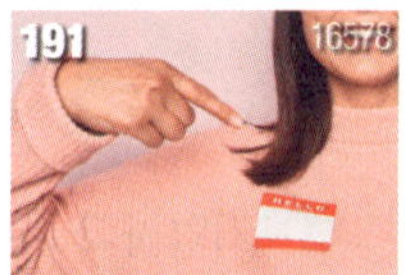

name [neim=네임]

이름⁽명⁾

name

hope [houp=호웊(ㅍ)]

희망하다⁽동⁾ 희망⁽명⁾

hope

remember
이전에 경험하거나 알았던 것을 머릿속에 간직하는 것.
어원 re(다시) + memory(기억)
반 forget 잊다

1

A 결혼하다

father
가족이라는 나무의 든든한 뿌리. 엄격함 뒤에 사랑을 숨긴 서툰 보호자.
반 mother 어머니

2

B 달리다

marry
두 인생이 하나로 묶이는 약속.
반 divorce 이혼하다

3

C 기억하다

run
두 발이 땅과 작별하는 빠른 춤.
반 walk 걷다

4

D 아버지

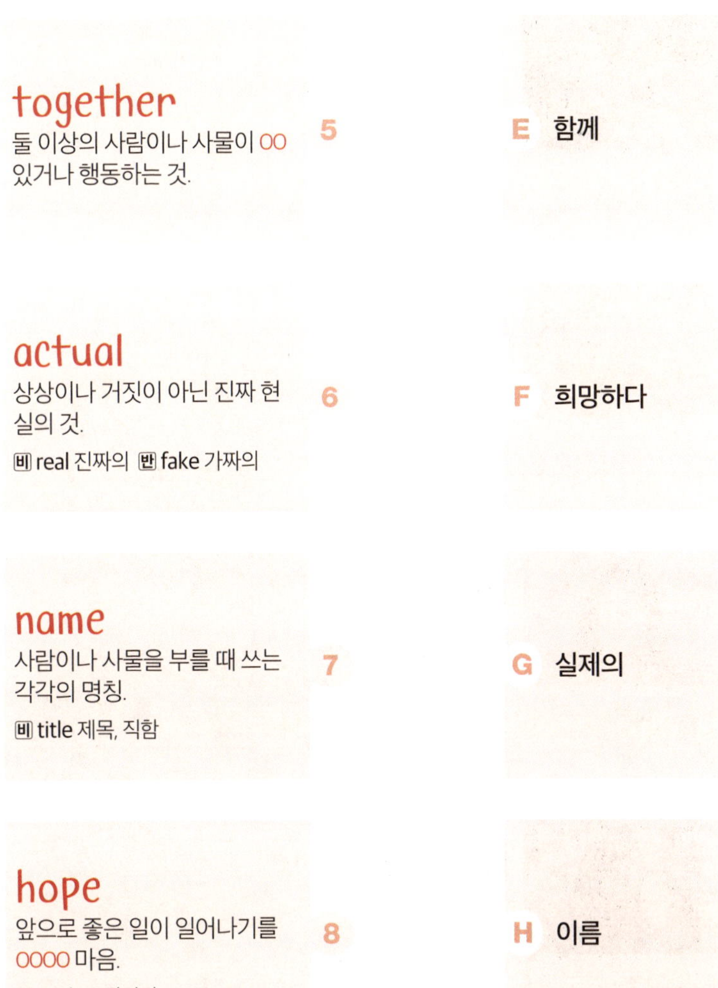

together

둘 이상의 사람이나 사물이 OO 있거나 행동하는 것.

5

E 함께

actual

상상이나 거짓이 아닌 진짜 현실의 것.

🔵 real 진짜의 🔴 fake 가짜의

6

F 희망하다

name

사람이나 사물을 부를 때 쓰는 각각의 명칭.

🔵 title 제목, 직함

7

G 실제의

hope

앞으로 좋은 일이 일어나기를 OOOO 마음.

🔵 wish 소망하다

8

H 이름

---

193 `16275`

nice [nais=나이스]

좋은^형

nice

---

194 `15866`

course [kɔːrs=콜스]

강좌^명 과정^명

course

---

195 `15774`

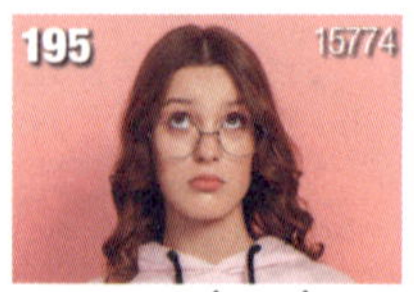

might [mait=마잍]

~할지도 모른다^조

might

---

196 `15725`

bring [briŋ=브링]

가져오다^동

bring

197　15627

kid [kid=킨(드)]

아이⁽명⁾

kid

198　15492

family [fǽmili=패밀리]

가족⁽명⁾

family

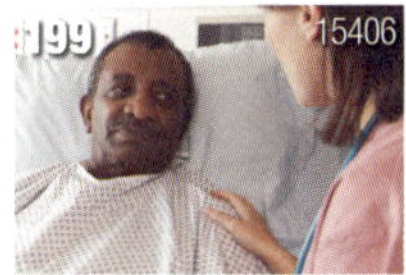

199　15406

worry [wɔ́ːri=워뤼]

걱정하다⁽동⁾

worry

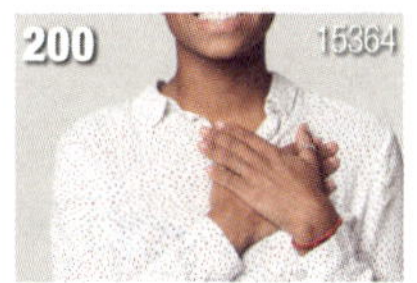

200　15364

mind [maind=마인드]

마음⁽명⁾ 꺼리다⁽동⁾

mind

nice

친절하고 상냥하거나, 보기에
좋고 만족스러운 것.

비 kind 친절한
반 mean 못된

1

A 좋은

course

어떤 일이 순서대로 진행되는
방향이나 OO.

서양 요리 3 course meal(3단
계 식사)은 Starter(전식)–Main
Course(메인 요리)–Dessert(후식)

2

B ~할지도
모른다

might

may보다 약한 가능성이나 추
측. 결과에 대해 책임지고 싶지
않을 때 쓸 수 있다.

3

C 강좌, 과정

bring

어떤 물건이나 사람을 데리고
가까이 오는 것.

He brings up the issue. 그는 그
문제를 위로 OOOO (=꺼낸다).
반 take 가져가다

4

D 가져오다

kid

어른들이 그리워하는 순수한 시절. child보다 친근하게 어린 OO를 부르는 표현.

반 adult 어른

5

E 마음, 꺼리다

family

주로 같은 공간에 살면서, 같이 밥을 먹는 사람들.

6

F 아이

worry

문제나 어려움에 대해 근심하거나 불안해 하는 감정.

반 relax 안심하다, 쉬다

7

G 가족

mind

생각과 감정이 사는 마음의 집. mind(마음, 꺼리다)는 이성적이고, heart(마음, 심장)는 감정적이다.

8

H 걱정하다

201 | 15350

every [évri=에브뤼]

모든ⓗ 매~ⓗ

every

202 | 15322

enough [inʌ́f=이너프]

충분한ⓗ 충분히ⓗ

enough

203 | 15187

idea [aidíːə=아이디어]

발상ⓟ 아이디어ⓟ

idea

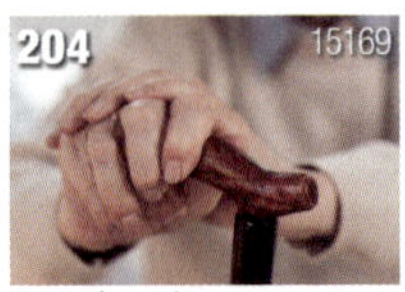

204 | 15169

old [ould=오울드]

나이든ⓗ

old

205 15073

must [mʌst=머ㅅ트]

반드시 ~해야 한다^조

206 15023

turn [təːrn=털언]

돌다^동

207 15021

problem [prάːbləm=프뢰블럼]

문제^명 <pro: 앞으로>

208 14977

move [muːv=무우브]

움직이다^동 이사하다^동

every

all은 전체를 한 덩어리로, every
는 전체를 따로따로 일컫는다.
each는 따로따로가 더 강조된다.

She studies every day.
그녀는 O일 공부한다.

1

A 발상,
아이디어

enough

필요한 것보다 더 많지도, 적지
도 않은 것.

2

B 나이든

idea

머릿속에서 번쩍 떠오르는 생각
의 씨앗.

⑪ thought 생각

3

C 모든,
매~

old

시간이 쌓여 만든 나이의 무게.

⑪ new 새로운 young 젊은

4

D 충분한

must

꼭 해야만 하는 의무나 강한 필요성.

비 **have to** ~해야 할 이유가 있다
비 **should** (내 생각엔) ~해야 한다

5

E 돌다

turn

가던 방향을 바꾸거나 순서가 OO 오는 것.

6

F 문제

problem

해답이 필요한 얽힌 실뭉치.

어원 **pro**(앞으로) + **ballein** (공을 던지다) - 지금 앞에 던져진 것.
반 **solution** 해결책

7

G 반드시 ~해야 한다

move

위치를 옮기 거나 이사하는 것.

반 **stay** 머물다

8

H 움직이다, 이사하다

boy [bɔi=보이]

소년⟨명⟩

boy

miss [mis=미스]

그리워하다⟨동⟩ 놓치다⟨동⟩

miss

another [ənʌðər=어너덜]

또 다른 하나⟨한⟩⟨대⟩

another

house [haus=하우스]

집⟨명⟩

house

213 13902

change [ʧéindʒ=췌인쥐]

바꾸다⑧ 변화⑲

change

214 13869

hold [hould=호울드]

잡고 있다⑧

hold

215 13868

happy [hǽpi=해피]

행복한⑲

happy

216 13801

son [sʌn=썬]

아들⑲

son

boy

티 없는 웃음 속에 말썽을 감춘 천사.

[반] girl 소녀

1

A 그리워하다, 놓치다

miss

빈자리가 남긴 쓸쓸함의 무게.

[비] lose 잃다
[반] catch 잡다

2

B 또 다른 하나

another

이미 말한 것 말고 'O OO OO'. an+other이므로 한정사(an)를 포함한다.

They helped one another. 한 사람과 O OO OO이(=서로) 도왔다.

3

C 집

house

사람들이 살기 위해 지은 건물.

[비] home 가정

4

D 소년

change
원래 모습에서 다른 모습이 되는 것.

Climate change is a problem.
기후 OO는 한 문제이다.

5

E 아들

hold
손이나 팔 등으로 지탱하거나 유지하는 것.

반 release 놓다

6

F 바꾸다, 변화

happy
마음속에 피어난 햇살.

비 glad 기쁜
반 sad 슬픈

7

G 잡고있다

son
보호받다가 보호하는 법을 배우는 작은 전사.

반 daughter 딸

8

H 행복한

28ᵃ 음악 연상 / 세 번 쓰기

play [plei=플레이]

놀다⑧ 연주하다⑧

play

hello [helóu=헬로우]

안녕⑬

hello

room [ru:m=루움]

방⑲ 공간⑲

room

money [mʌ́ni=머니]

돈⑲

money

221 13428

left [left=레프트]

왼쪽⑱ 떠났다⑧ (leave의 과거)

left

222 13378

lie [lai=라이]

거짓말하다⑧ 눕다⑧

lie

223 13366

break [breik=브뤠익]

부수다⑧

break

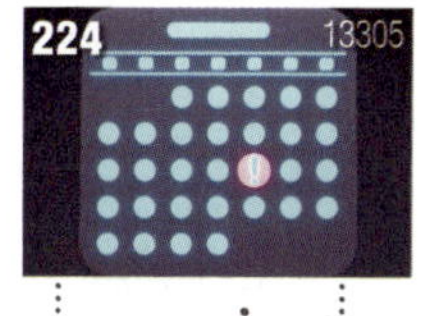

224 13305

tonight [tunáit=투나잍]

오늘밤⑲ 오늘밤에⑭

tonight

play
취미 활동을 하며 즐거운 시간을 보내는 것.
반 work 일하다

1

A 방,
공간

hello
hi보다 조금 딱딱한 느낌으로 길게 인사하는 말.
반 goodbye 안녕히 가세요

2

B 안녕

room
네 개의 벽이 만든 OO.
비 space 공간, 우주

3

C 돈

money
행복은 못 사도 필요는 채우게 하는 종이. 가치의 기준.

4

D 놀다,
연주하다

left

오른쪽의 반대 방향. 또는 leave(떠나다)의 과거 형태.

🔁 right 오른쪽
🔁 arrive 도착하다

5

E 거짓말하다, 눕다

lie

사실이 아닌 것을 말하는 것. 또는 사람이 할 수 있는 가장 편한 자세를 하는 것.

6

F 왼쪽, 떠났다

break

원래 형태가 부서지거나, 규칙을 어기는 것.

They decided to break up.
그들은 (관계를) OOO(=헤어지기)로 결정했다.

7

G 오늘밤

tonight

today가 '오늘의 날'이면 tonight은?

8

H 부수다

225 13140

meet [miːt=미잍]

만나다⑧

meet

226 13139

forget [fərgét=폴겥(ㅌ)]

잊다⑧

forget

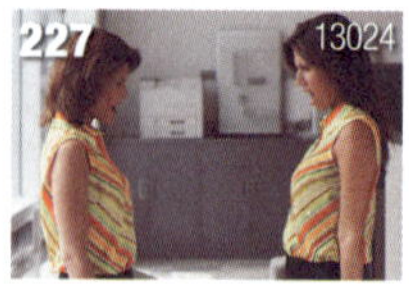

227 13024

same [seim=쎄임]

같은⑱ 같은 것⑪

same

228 12869

die [dai=다이]

죽다⑧

die

229   12746

pretty [príti=프뤼티]

예쁜⁽형⁾ 꽤⁽부⁾

pretty

230   12697

job [ʤab=쟙]

직업⁽명⁾

job

231   12552

head [hed=헫]

머리⁽명⁾

head

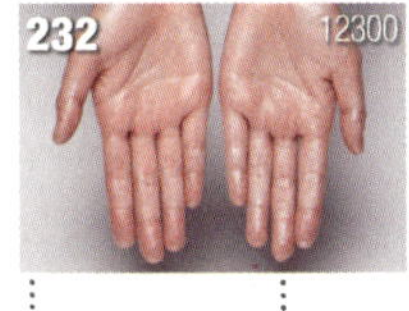

232   12300

hand [hænd=핸드]

손⁽명⁾

hand

meet
서로 다른 곳에 있던 사람들이
한 곳에서 만나는 일.

1

A 만나다

forget
기억과 지우개의 만남.
⑱ remember 기억하다

2

B 잊다

same
두 개가 많이 비슷해서 구별할
수 없을 때.
⑱ different 다른

3

C 죽다

die
모든 생명체가 언젠가 맞이하는
마지막.
⑱ live 살다

4

D 같은

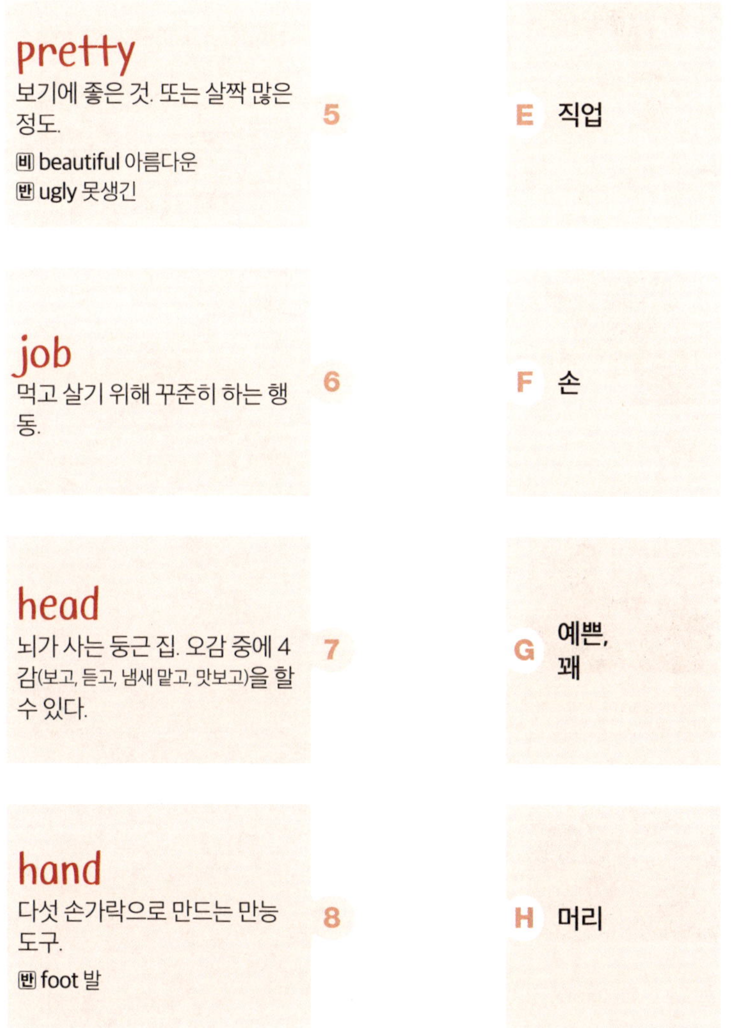

pretty
보기에 좋은 것. 또는 살짝 많은 정도.

비 beautiful 아름다운
반 ugly 못생긴

5

E 직업

job
먹고 살기 위해 꾸준히 하는 행동.

6

F 손

head
뇌가 사는 둥근 집. 오감 중에 4감(보고, 듣고, 냄새 맡고, 맛보고)을 할 수 있다.

7

G 예쁜,
꽤

hand
다섯 손가락으로 만드는 만능 도구.

반 foot 발

8

H 머리

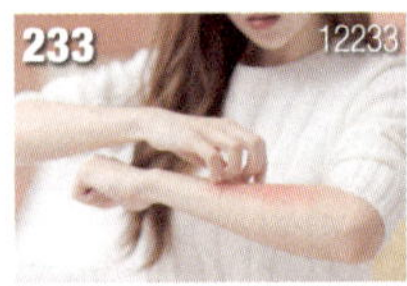

already [ɔːlrédi=얼뤠디]

이미 [부] <al = all: 모두>

already

next [nekst=넥스트]

다음 [형]

next

three [θriː=뜨뤼]

셋 [형]

three

world [wəːrld=월을드]

세계 [명]

world

237　11538

hard [haːrd=할드]

어려운⟨형⟩ 단단한⟨형⟩ 열심히⟨부⟩

hard

238　11528

walk [wɔːk=웍(ㅋ)]

걷다⟨동⟩

walk

239　11393

second [sékənd=쎄컨드]

두 번째⟨형⟩ 초⟨명⟩

second

240　11391

pay [pei=페이]

지불하다⟨동⟩

pay

already
예상보다 일찍 일어난 일. 혹은
시작하기도 전에 끝난 상태.
어원 al(모두) + ready(준비된)
반 not yet 아직 아닌

1

A 이미

next
바로 뒤에 오거나 이어지는 순서.
반 previous 이전

2

B 세계

three
불안정하지만 완전한 숫자.
비 third 세 번째

3

C 다음

world
80억 인구가 함께 사는 둥근 별.
비 earth 지구

4

D 셋

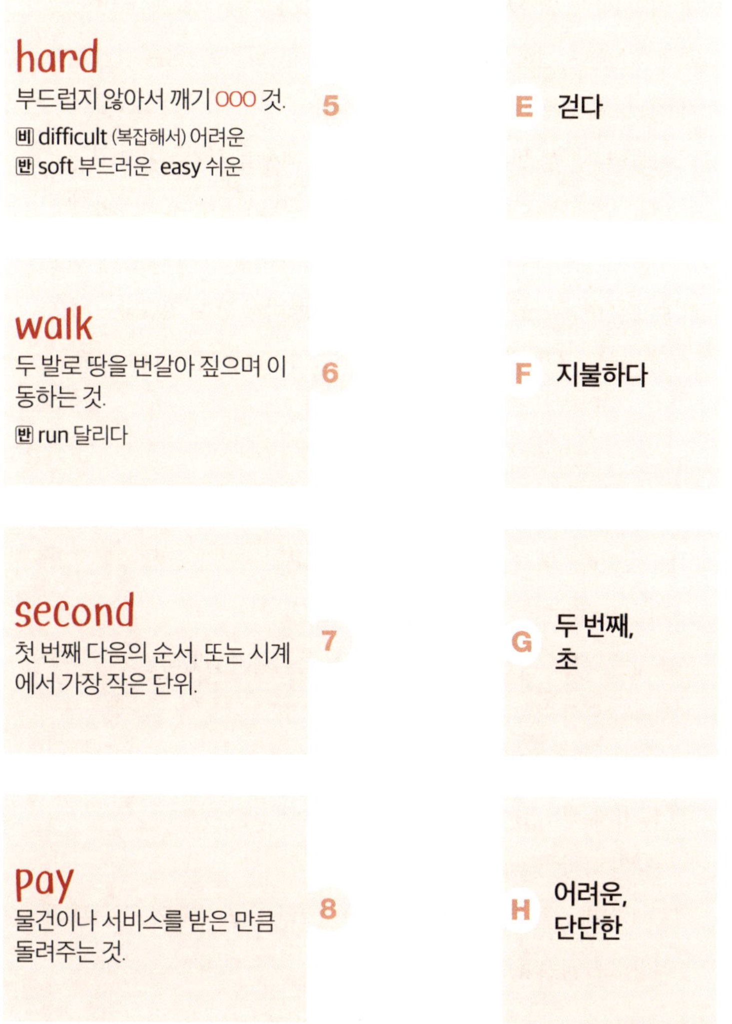

hard
부드럽지 않아서 깨기 ○○○ 것.
비 **difficult** (복잡해서) 어려운
반 **soft** 부드러운 **easy** 쉬운

5

E 걷다

walk
두 발로 땅을 번갈아 짚으며 이동하는 것.
반 **run** 달리다

6

F 지불하다

second
첫 번째 다음의 순서. 또는 시계에서 가장 작은 단위.

7

G 두 번째,
초

pay
물건이나 서비스를 받은 만큼 돌려주는 것.

8

H 어려운,
단단한

사기 돼지 삼형제 관련 단원 21-30

늑대 씨의 job은 변호사였다. 주로 사기 problem을 해결했다. 어느 날 그에게 이상한 사건이 들어왔다. three 돼지 형제가 보험금을 타기 위해 자기 house를 일부러 부쉈다는 제보였다.

"Hello, 늑대 씨. 제가 guess하기로는 그 돼지들, 사기꾼이에요!"

늑대는 조사를 start했다. 첫째 돼지는 짚으로 만든 집에 live했다. 그는 mind를 정하고 서류를 살펴봤다. 보험 서류를 보니 last 달에 '태풍 피해'로 1억 money를 받았다. 하지만 그날은 바람 한 점 없었다.

"이상하군. 내가 직접 가서 meet해야겠어. Big 문제임이 must해."

늑대가 첫째 돼지 집의 문 앞에서 노크했다.

"누구세요?"

"Hi. 보험회사에서 나왔습니다. 잠깐 대화할 수 있나요?"

"아니요! Stay하지 마세요! 절대 안 돼요!"

늑대는 의심스러웠다. 그가 크게 숨을 들이쉬며 말했다.

"지금 나오지 않으면 경찰을 부르겠습니다!"

그 소리에 집이 무너졌다.

"어? 이게 뭐야? understand할 수가 없네!"

늑대가 당황했다.

"늑대가 제 집을 break했어요! 이번엔 2억 받을 거예요! 모든 걸 카메라로 촬영했어요!"

늑대는 깨달았다. 이건 계획된 함정이었다. worry가 커졌지만 포기할 수 없었다. 그는 second 돼지 집으로 갔다. 나무로 만든 집이었다. 이번엔 조심스럽게 문을 두드리고 hand를 내렸다.

"Hello. 잠깐 문 좀 열어주실래요? Problem을 해결하고 싶어요."

"싫어요! Turn하고 away 가세요!"

"그럴 수 없습니다. 여기서 기다리겠습니다."

늑대가 벽에 기대자 집이 와르르 무너졌다. 둘째 돼지가 뛰어나왔다.

"완벽해! 이것도 녹화했어요. 3억은 받겠네요. Every 순간을 녹화했어요!"

늑대는 화가 났지만 참았다. 이제 마지막 기회였다. 셋째 돼지는 벽돌집에 살았다. 단, 이번에는 멀리서 관찰만 했다. walk하며 망원경으로 집around를 살펴봤다.

그런데 이상한 걸 발견했다. 셋째 돼지가 몰래 집 벽에 뭔가를 use하고 있었다. 자세히 보니 폭탄이었다! 늑대가 die할 수도 있었다.

"이런 bad 놈들!"

늑대는 즉시 경찰에 신고했다. 하지만 폭탄은 already 사라졌고, 돼지들이 move했다. 그들은 가짜 영상을 만들어 인터넷에 올렸다.

"무서운 늑대가 우리 집을 부수고 다녀요! 도와주세요! 우리 family가 위험해요!"

영상은 순식간에 퍼졌다. Woman이든 boy든 늑대를 비난했다.

---

worry 걱정 second 두번째 hand 손 Hello 안녕 Problem 문제 turn 돌다 away 멀리
Every 모든 walk 걷다 around ~주변 use 사용하다 die 죽다 bad 나쁜 already 이미
move 이동하다 family 가족 Woman 여자 boy 소년

모두 화가 났다. 하지만 늑대는 포기하지 않았다. 그는 밤새 증거를 모았다. After 긴 밤이 지나고, 드디어 모든 준비가 끝났다.

다음 날 아침, 법원에서 재판이 열렸다. 돼지들의 변호사가 말했다.

"이 불쌍한 돼지들을 괴롭힌 늑대를 처벌해주세요! 이들은 mother도 father도 없는 고아들입니다!"

늑대가 일어났다.

"잠깐만요. 제가 bring한 걸 보여 드리겠습니다. Hope를 가지고 보세요."

그는 CCTV 영상을 play했다. 돼지들이 서로 이야기하는 장면이었다.

"Tonight 보험금으로 world 여행 가자!"

"늑대한테 덮어씌우니 enough 쉬웠어!"

Another 영상을 보여주자 다른 돼지가 말했다.

"Father가 남긴 보험이 이렇게 use하기 좋을 줄이야!"

법정이 술렁였다. 판사가 말했다.

"이건 명백한 보험 사기입니다. 돼지 삼형제를 체포하세요! Pay할 날이 왔군요!"

돼지들이 울부짖었다.

"이건 조작이에요! Wrong이에요! 우리는 그런 말 한 적이 없어요!"

하지만 이미 late였다. Same 날 오후에 그들은 체포됐다.

After 후에 mother 어머니 father 아버지 bring 가져오다 Hope 희망 CCTV 감시카메라 play 재생하다 tonight 오늘밤 world 세계 enough 충분히 Another 또다른 Father 아버지 use 사용하다 Pay 지불하다 Wrong 잘못된 late 늦은 same 같은

늑대는 법정을 나오며 기자들에게 말했다.

"가끔은 진짜 괴물이 누군지 잘 봐야 합니다. 겉모습으로 판단하면 안 돼요."

그 후 늑대는 유명해졌다. money도 많이 벌었다. 반면 돼지들은 감옥에서 몇 year를 보냈다. 그들은 서로를 miss했지만 만날 수 없었다.

출소 후 첫째 돼지는 후회했다.

"우리가 너무 바보였어. lie를 계속한 게 잘못이야."

둘째 돼지도 동의했다.

"그냥 열심히 일하며 live했어야 했는데. New 시작을 해야 해."

셋째 돼지가 한숨 쉬었다.

"이제 와서 후회해도 소용없어. 아무도 우리를 care하지 않아. Actual로 우리가 kill하려던 건 우리 자신이었어."

"늑대의 진짜 무서운 건 이빨과 발톱이 아니라 head였구나. Next 번에는 정직하게 살자."

한편 늑대는 hard하게 일해서 '정의의 늑대 법률사무소'를 열었다. Pretty 큰 사무실이었다. Room도 여러 개였다. 그는 특히 사기 사건을 전문으로 맡았다. 피해자들을 도우며 happy하게 일했다. 늑대는 '거짓은 결국 밝혀지고, another 기회는 정직하게 살 때만 온다는 것. Hold하고 있던 나쁜 마음을 change하면, 누구든 새롭게 시작할 수 있다는 것'을 알리고 싶었다.

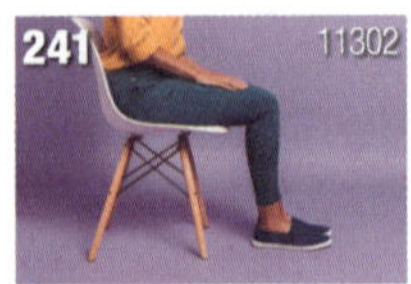

241 11302

sit [sit=씯(트)]

앉다⑧

sit

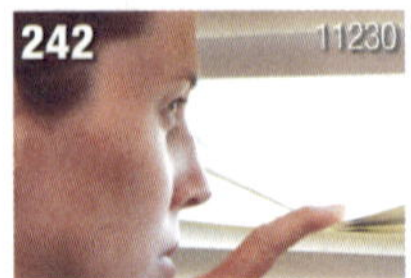

242 11230

watch [watʃ=와취]

지켜보다⑧

watch

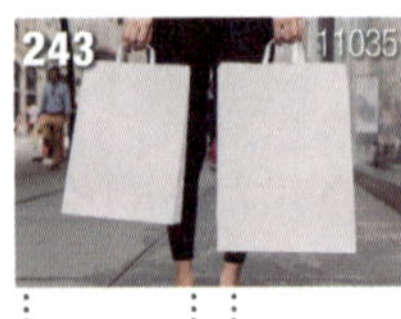

243 11035

both [bouθ=보우따]

둘 다⑩⑪

both

244 11002

word [wəːrd=월드]

단어⑲

word

dead [ded=데드]

죽은 ⑬

dead

plan [plæn=플랜]

계획 ⑲

plan

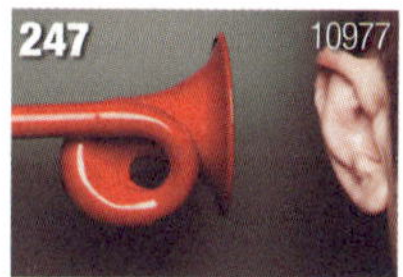

sound [saund=싸운드]

소리 ⑲ 들리다 ⑧

sound

child [tʃaild=촤일드]

아이 ⑲

child

sit
의자나 바닥에 엉덩이를 댄 자세를 하는 것.

비 seat 좌석
반 stand 서다

1

A 둘 다

watch
시간이나 상황을 주의 깊게 눈으로 따라가면서 보는 것.

2

B 앉다

both
두 가지 모두를 가리키며 강조하는 말.

Both cars are new.
차 OO 새 것이다.
반 neither 둘 다 아닌

3

C 지켜보다

word
생각을 담은 소리의 그릇.

4

D 단어

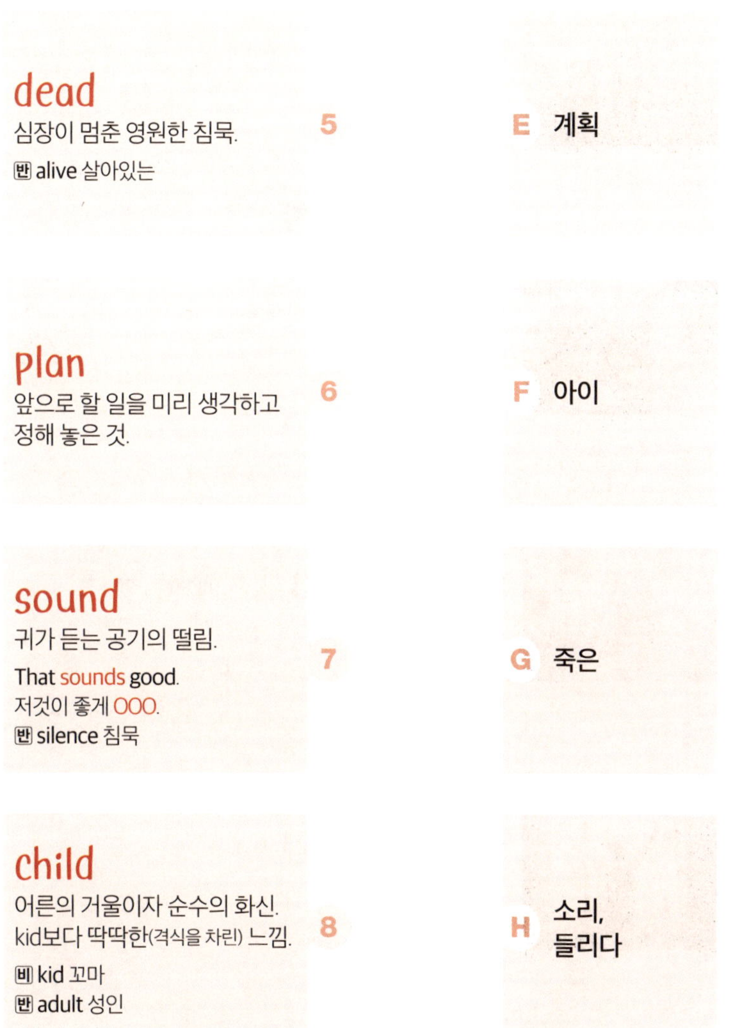

dead
심장이 멈춘 영원한 침묵.
⑪ alive 살아있는

5　　　**E**　계획

plan
앞으로 할 일을 미리 생각하고
정해 놓은 것.

6　　　**F**　아이

sound
귀가 듣는 공기의 떨림.
That sounds good.
저것이 좋게 OOO.
⑪ silence 침묵

7　　　**G**　죽은

child
어른의 거울이자 순수의 화신.
kid보다 딱딱한(격식을 차린) 느낌.
⑪ kid 꼬마
⑪ adult 성인

8　　　**H**　소리,
　　　　　들리다

32a 음악 연상 / 세 번 쓰기

alone [əlóun=얼로운]

혼자⒝

alone

check [tʃek=첵(ㅋ)]

확인하다⒟

check

question [kwéstʃən=쿠에ㅅ쳔]

질문⒨

question

today [tədéi=투데이]

오늘⒝⒨

today

253   10485

car [kaːr=카알]

자동차^명

car

254   10461

ready [rédi=뤠디]

준비된^형

ready

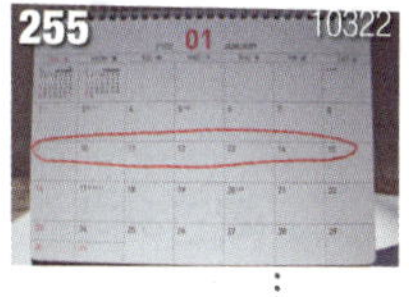

255   10322

week [wiːk=위익(ㅋ)]

주^명

week

256   10197

end [end=엔드]

끝^명 끝나다^동

end

alone

외롭지만 진정한 '나'를 만날 수 있는 상태.

[반] together 함께

1

A 혼자

check

제대로 했는지 꼼꼼히 살펴보는 것.

Let's check in at the hotel. 호텔 안으로 (가는) OO(=체크인)하자.

2

B 질문

question

답을 바라면서 던지는 말.

[반] answer 대답

3

C 확인하다

today

어제의 내일이자 내일의 어제.

4

D 오늘

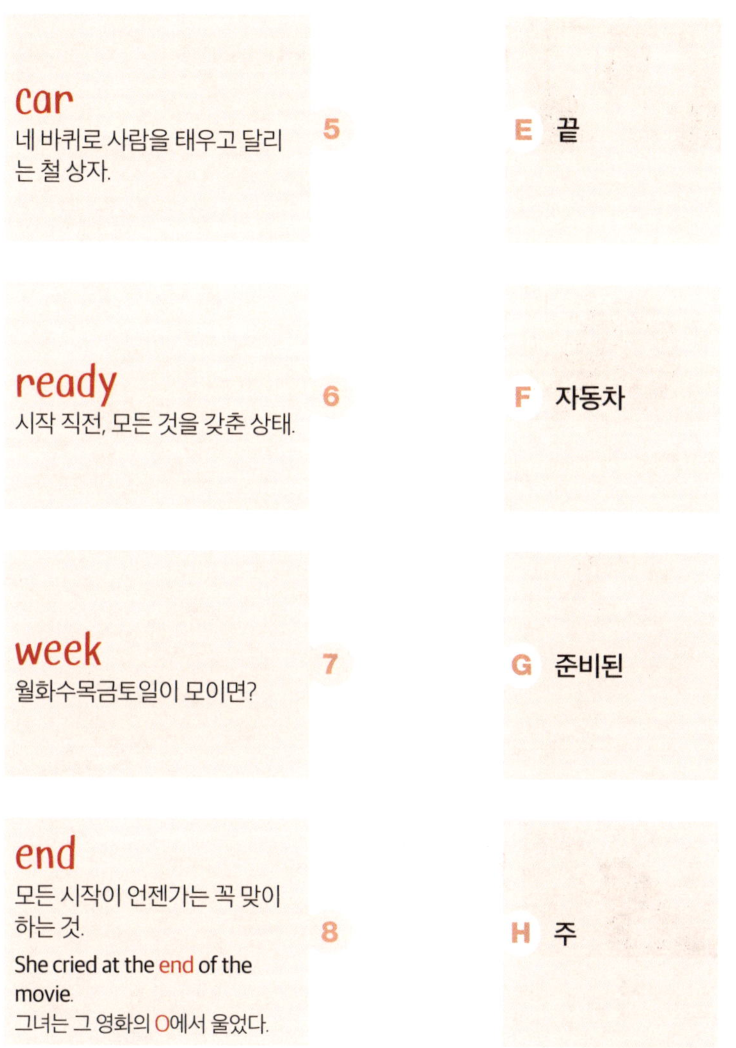

car
네 바퀴로 사람을 태우고 달리는 철 상자.

5

E 끝

ready
시작 직전, 모든 것을 갖춘 상태.

6

F 자동차

week
월화수목금토일이 모이면?

7

G 준비된

end
모든 시작이 언젠가는 꼭 맞이하는 것.

8

She cried at the **end** of the movie.
그녀는 그 영화의 O에서 울었다.

H 주

doctor [dάktər=닥털]

의사 ⑲

doctor

part [pɑːrt=팔트]

부분 ⑲

part

face [feis=페이스]

얼굴 ⑲ 마주하다 ⑧

face

chance [tʃæns=췐스]

기회 ⑲

chance

261 9952

hate [heit=헤잍]

싫어하다⑧

hate

262 9828

hour [áuər=아월]

~시⑲ 시간⑲

hour

263 9823

morning [mɔ́ːrniŋ=몰닝]

아침⑲

morning

264 9746

close [klouz=클로우ㅈ]

닫다⑧ 가까운⑱ [klous=클로우ㅅ]

close

33b 퍼즐 연상

doctor
아픈 사람을 치료하는 것이 직업인 사람.
[반] patient 환자

1

A 의사

part
전체를 나누면 생기는 조각.
[비] piece 조각
[반] whole 전체

2

B 얼굴

face
거울 속에서 매일 마주하는 나의 앞면.

3

She smiled in the face of failure.
그녀는 실패를 OO한 (상황) 안에서 웃었다.

C 기회

chance
놓치면 후회하고, 잡으면 감사한 것.

4

D 부분

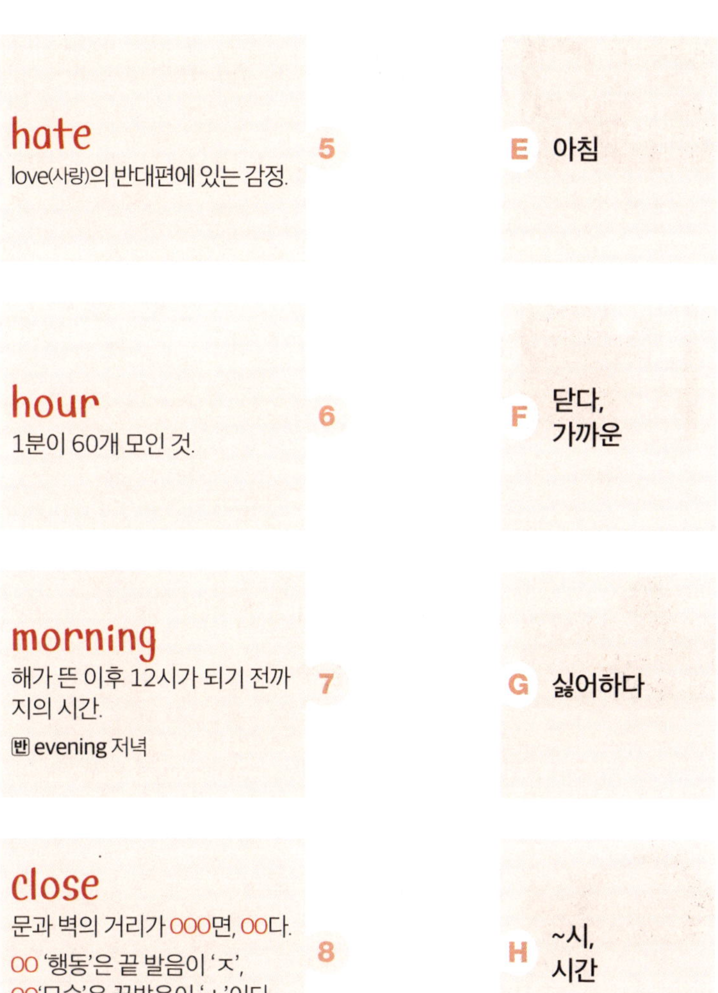

hate
love(사랑)의 반대편에 있는 감정.

5

E 아침

hour
1분이 60개 모인 것.

6

F 닫다,
가까운

morning
해가 뜬 이후 12시가 되기 전까지의 시간.

⟨반⟩ evening 저녁

7

G 싫어하다

close
문과 벽의 거리가 OOO면, OO다.
OO '행동'은 끝 발음이 'ㅈ',
OO'모습'은 끝발음이 'ㅅ'이다.

⟨반⟩ open 열다 far 먼

8

H ~시,
시간

34 ♪ 음악 연상 / 세 번 쓰기

brother [brʌ́ðər=브뤄덜]

형제㈜

`brother`

open [óupn=오우픈]

열다㈜ 열린㈜

`open`

point [pɔint=포인트]

가리키다㈜ 요점㈜

`point`

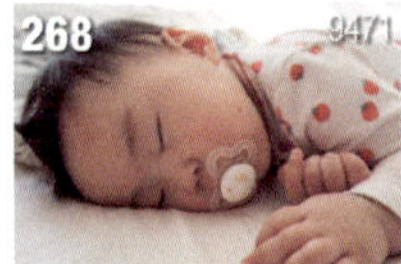

sleep [sliːp=슬리잎]

자다㈜

`sleep`

269　9443

school [skuːl＝ㅅ쿨]

학교^명

school

270　9436

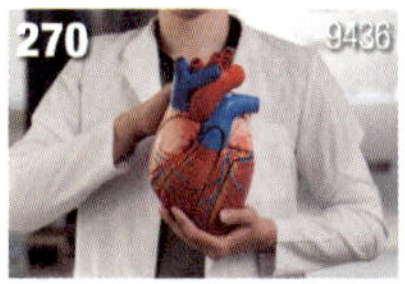

heart [haːrt＝할트]

심장^명 마음^명

heart

271　9423

luck [lʌk＝럭]

운^명

luck

272　9295

business [bíznis＝비즈니스]

사업^명

business

brother **1**
피를 나눈 첫 번째 친구이자 영원한 라이벌.

A 열다

open **2**
안과 밖의 경계가 사라지는 순간.
🔁 close 닫다　closed 닫힌

B 형제

point **3**
손가락으로 방향을 알려주는 것. 또는 중요한 부분만 알려주는 것.

C 자다

sleep **4**
꿈이 현실을 대신하는 밤의 여행.
🔁 wake 깨다

D 가리키다,
요점

school

배움이 일어나는 특별한 공간.
배우는 비용은 나라에서 대부분
부담한다.

⑪ academy 학원

5

E 운

heart

운동하거나 사랑할 때 더 두근
거리는 가슴 속 장기.

6

F 학교

luck

준비된 자에게만 보이는 기회의
다른 이름.

7

G 사업

business

(주로) 돈을 벌기 위해 하는 일과
거래. 모든 OO하는 사람은 바빠
서 busy(바쁜)의 명사형일까?

The store is still in business. 그
가게는 여전히 OO 중(=영업중)이다.

8

H 심장,
마음

wife [waif=와이프]

아내⒨

wife

bye [bai=바이]

잘 가⒢

bye

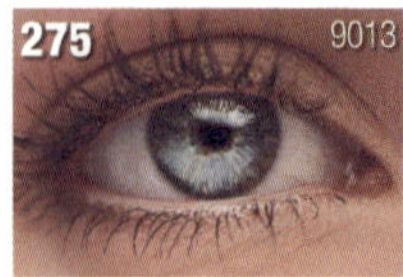

eye [ai=아이]

눈⒨

eye

stand [stænd=스탠드]

서다⒟ <sta: 서다>

stand

277 8881

case [keis=케이스]

경우(명) 통(명)

case

278 8766

sister [sístər=씨스털]

자매(명)

sister

279 8511

drink [driŋk=드링크]

마시다(동) 음료수(명)

drink

280 8504

many [méni=메니]

수가 많은(형)

many

wife
남자가 평생 함께하겠다고 약속한 여자.

반 husband 남편

1

A 눈

bye
만남이 있으면 반드시 따라오는 이별의 인사.

반 hi 안녕

2

B 서다

eye
세상을 담는 두 개의 창문.

3

C 아내

stand
앉지도 눕지도 않고 두 발로 몸을 세우고 버티는 것.

반 sit 앉다

4

D 잘 가

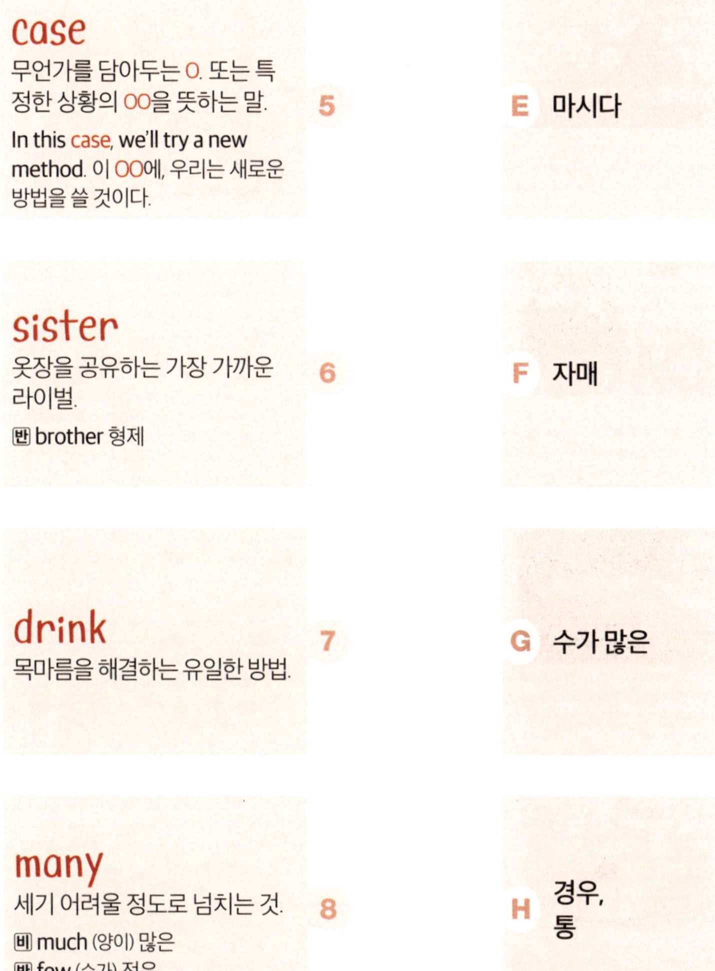

case

무언가를 담아두는 O. 또는 특정한 상황의 OO을 뜻하는 말.

In this case, we'll try a new method. 이 OO에, 우리는 새로운 방법을 쓸 것이다.

5

E 마시다

sister

옷장을 공유하는 가장 가까운 라이벌.

📵 brother 형제

6

F 자매

drink

목마름을 해결하는 유일한 방법.

7

G 수가 많은

many

세기 어려울 정도로 넘치는 것.

📵 much (양이) 많은
📵 few (수가) 적은

8

H 경우,
통

281 *8488*

save [seiv=쎄이브]

구하다⑧ 저장하다⑧

save

282 *8487*

fact [fækt=팩트]

사실⑲

fact

283 *8478*

send [send=쎈드]

보내다⑧

send

284 *8424*

phone [foun=포운]

전화기⑲

phone

285

pick [pik=픽]

고르다⑧

pick

286

decide [disáid=디싸이드]

결정하다⑧ <de=down: 아래로>

decide

287

wish [wiʃ=위쉬]

바라다⑧

wish

288

tomorrow [tumárou=투마로우]

내일⑨⑲

tomorrow

save

위험에서 건져내거나, 미래를 위해 모으는 것.

반 waste 낭비하다

1

A 보내다

fact

거짓말쟁이가 가장 두려워하는 무기.

I thought he was tired. In fact, he was sick. 나는 그가 피곤한 줄 알았는데, OO, 그는 아팠다.

2

B 전화기

send

여기서 저기로, 내게서 네게로 이동시키는 것.

반 recieve 받다

3

C 구하다, 저장하다

phone

멀리 있는 목소리를 가까이 들려주는 기계.

4

D 사실

pick
여러 개 중에서 마음에 드는 하나를 집어내는 것.

비 choose 선택하다 (더 신중함)

5　　**E** 바라다

decide
고민 끝에 내리는 최종 선택.

어원 de(아래로) + cide(자르다)
　　필요 없는 선택지들을 잘라내다.

We decided on the red color.
우리는 빨간색으로 OO했다.

6　　**F** 결정하다

wish
생일 케잌의 초를 불기 전에 속으로 하는 것. hope 보다 실현 가능성이 낮은걸 OO는 것.

비 hope 희망하다

7　　**G** 고르다

tomorrow
오늘이 잠들면 깨어나는 새로운 하루.

8　　**H** 내일

37a 음악 연상 / 세 번 쓰기

영어 ▶ 한글

289 · 8137

five [faiv=파이브]

다섯인(형)

five

290 · 8099

town [taun=타운]

마을(명)

town

291 · 8022

speak [spiːk=ㅅ피익(ㅋ)]

말하다(동)

speak

292 · 8020

fight [fait=파잍(ㅌ)]

싸우다(동) 싸움(명)

fight

293　7836

ago [əgóu=어고우]

전에⁽부⁾

ago

294　7737

daughter [dɔ́:tər=더털]

딸⁽명⁾

daughter

295　7679

set [set=셑]

설정하다⁽동⁾ ~벌⁽명⁾

set

296　7650

door [dɔ:r=도얼]

문⁽명⁾

door

37b 퍼즐 연상

five
한 손의 손가락 개수와 같은 수.
비 fifth 다섯 번째

1

A 싸우다

town
city(도시)보다 작고 village(마을)
보다는 큰, 사람들의 터전.

2

B 마을

speak
입을 열어 생각을 소리로 만드는
것. say는 말의 '내용'에 speak는
말하는 '행동'에 더 관심이 있다.
비 talk 대화하다

3

C 말하다

fight
평화가 깨진 자리에서 춤추는
폭력.
a snowball fight 한 눈 OO
반 peace 평화

4

D 다섯인

ago
지금으로부터 과거로 거슬러 올라가는 시간.

I met him 5 years ago.
나는 5년 OO 그를 만났어.
비 before ~전에 반 later 나중에

5   E 딸

daughter
집을 떠나도 마음에 남는 영원한 부모의 첫사랑.

반 son 아들

6   F 문

set
제자리에 놓는 것. put보다 '특정한 곳'에 놓는다. 또는 특정한 구성의 한 묶음.

비 place 위치시키다

7   G 설정하다, ~벌

door
방과 방 사이를 이동할 수 있게 하는 나무 칸막이.

8   H 전에

party [páːrti=팔티]

파티⑲

party

afraid [əfréid=어프뤠이드]

두려운⑲

afraid

between [bitwíːn=비튀인]

~사이에⑳

between

buy [bai=바이]

사다⑤

buy

301 7525

eat [iːt=이잍(트)]

먹다⑧

eat

302 7472

read [riːd=뤼이드]

읽다⑧

read

303 7404

fun [fʌn=펀]

재미⑲

fun

304 7399

fall [fɔːl=펄]

떨어지다⑧

fall

party
사람들이 즐거움을 나누는 특별한 모임.

1

A 사다

afraid
용기가 숨바꼭질하는 마음 상태.
I'm afraid I can't help you.
저는 (말하기) OO(=유감이)지만 도와드릴 수 없어요.

2

B 두려운

between
이쪽도 저쪽도 아닌 곳. 두 개의 OOO.
[비] among (세 개 이상의) ~중에

3

C ~사이에

buy
돈을 주고 내 것으로 만드는 것.
[반] sell 팔다

4

D 파티

eat
배고픔을 달래는 방법.

5

E 읽다

read
글자를 눈으로 따라가며 의미를 찾는 것.

6

F 떨어지다

fun
웃음이 절로 나오는 즐거운 순간.
We had fun yesterday. 우리 어제 OO를 가졌어(재밌게 놀았어).
(반) boring 지루한

7

G 먹다

fall
위에서 아래로, 중력에 몸을 맡기는 것.
They fell in love at first sight. 그들은 첫눈에 사랑 안에 OO졌다.
(fall의 과거형은 fell)

8

H 재미

answer [ǽnsər=앤썰]

대답하다⑧ 대답⑲

answer

glad [glæd=글래드]

기쁜⑲

glad

couple [kʌ́pl=커플]

두 사람⑲ 두어 개⑲

couple

date [deit=데일(트)]

날짜⑲ 데이트⑲

date

309 6999

under [ʌ́ndər=언덜]

~아래에㉑

under

310 6973

drive [draiv=드롸이브]

운전하다㉞

drive

311 6971

lady [léidi=레이디]

숙녀㉙

lady

312 6942

fire [fáiər=파이얼]

불㉙

fire

answer
물음표 뒤에 따라오는 마침표.
⑩ question 질문하다

1

A 기쁜

glad
마음속에 피어나는 기쁨의 감정.
⑩ sad 슬픈

2

B 날짜

couple
하나에 하나를 더하면 만들어지는 짝.

I bought a couple of books.
나는 책을 OO 권 샀어.
⑪ pair 한 쌍

3

C 두 사람,
두어 개

date
달력에 적힌 숫자이자, 연인과의 약속.

This is my best work to date.
이것이 (오늘) OO(=지금)까지 내 최고의 작품이다.

4

D 대답하다

under
뿌리가 하늘이라고 믿는 곳.
비 below ~아래쪽
반 over ~위에
5
E 숙녀

drive
손잡이를 잡고 바퀴를 굴리며
나아가게 하는 행동.
6
F 불

lady
gentle man(신사)의 짝이 되는
품위 있는 여성.
7
G ~아래에

fire
아래에서 위로 올라가며, 산소
를 먹고 자란다. 주로 붉은색.
8
H 운전하다

hit [hit=힡(트)]

때리다⑧

hit

act [ækt=액(트)]

행동하다⑧ 연기하다⑧

act

hang [hæŋ=행]

걸다⑧

hang

four [fɔːr=포얼]

넷⑲

four

317 6728

far [fɑːr=파알]

먼⑱ 멀리⑭

far

318 6679

game [geim=게임]

게임⑲

game

319 6627

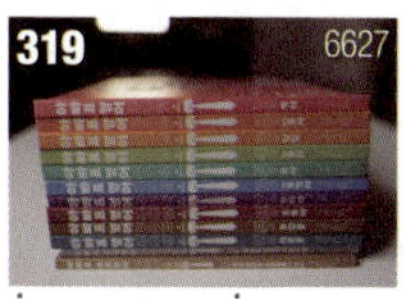

book [buk=북(ㅋ)]

책⑲ 예약하다⑧

book

320 6619

write [rait=롸잍(ㅌ)]

쓰다⑧

write

hit
손이나 물건을 무언가와 충돌시키는 것.
[반] miss 빗나가다

1

A 넷

act
do보다 더 의도를 갖고 OO하는 것. 또는 무대 위에서 다른 사람이 되는 것.
She acts as a leader.
그녀는 리더로서 OO(=역할)한다.

2

B 때리다

hang
발이나 밑바닥이 땅으로 떨어지지 않도록 잡고 있는 것.

3

C 걸다

four
사각형의 모서리 개수와 같은 숫자.
[비] fourth 네 번째
[비] quarter 4분의 1

4

D 행동하다, 연기하다

far
마음은 닿아도 몸은 닿지 못하
는 거리.
He lives far away.
그는 OO 떨어져서 산다.
펜 near 가까운

5

E 책

game
진지함과 즐거움이 공존하는 모
순의 놀이. 규칙을 정하고 승부
를 가른다.

6

F 먼,
멀리

book
종이들이 모여 이야기를 품은
네모난 보물.

7

G 게임

write
머릿속 생각이 사라지기 전에
글로 남겨 놓는 것.
펜 erase 지우다

8

H 쓰다

옛날 어느 town에 혼자 사는 할머니가 있었다. 매일 morning이면 창가에 sit해서 지나가는 사람들을 watch하는 것이 유일한 낙이었다.

어느 날, daughter가 찾아와 말했다.

"엄마, phone 하나 드릴게요. 외롭게 alone 있지 마시고 가족들과 speak하세요."

"나는 그런 거 hate해. 너무 어려워서 못 배우겠어."

하지만 daughter는 포기하지 않고 계속 설득했고, 결국 할머니는 마지못해 phone을 받았다.

처음 week 동안은 정말 힘들었다. 버튼 하나 누르는 것도 afraid했고, 실수로 이상한 곳을 눌러서 당황하기 일쑤였다. 그러던 어느 날, 할머니는 우연히 유튜브라는 것을 open하게 되었다. 거기서 요리 영상을 watch하던 할머니는 깜짝 놀랐다.

"아니, 이렇게 쉽게 요리를 배울 수 있다니!"

그날부터 할머니의 삶은 완전히 바뀌었다. 매일 morning마다 새로운 레시피를 check하고, 직접 만들어서 이웃들과 eat하며 party를 열었다. 심지어 자신만의 채널, '80세 할머니의 fun fun(뻔뻔)한 요리교실'을 만들어 영상을 올렸다.

처음엔 조회수가 five도 안 됐지만, 할머니는 포기하지 않았다. 매일 꾸준히 영상을 올렸고, 어느 날 갑자기 한 영상이 화제가 되었다. '김치 만들면서 랩하는 할머니'라는 영상이었다. 할머니는 김치를 담그면

town 마을　morning 아침　sit 앉다　watch 보다　daughter 딸　phone 전화　alone 혼자
speak 말하다　hate 싫어하다　week 주　afraid 두려워하는　open 열다　watch 보다
morning 아침　check 확인하다　eat 먹다　party 파티　fun 재미있는　five 다섯

서 자신이 만든 재미있는 가사로 노래를 불렀다.

"배추를 pick! 양념을 check! 기다려 1 week!"

"친구들 ready! 김치 party! 휘둥그런 니 eye!"

"돈은 save! 별점은 five! 김치 먹고 예뻐지는 니 face!"

이 영상은 순식간에 수백만 조회수를 기록했고, 할머니는 하루아침에 유명인이 되었다. 많은 방송국에서 할머니를 찾았고, business 제안도 쏟아졌다. 하지만 할머니는 모두 정중히 거절했다.

"나는 돈을 위해 이 일을 하는 게 아니에요. 그저 많은 사람들과 기쁨을 나누고 싶을 뿐이에요."

어느 날, 한 젊은이가 할머니를 찾아왔다.

"저는 우울증으로 고생하다가 할머니 영상을 보고 다시 살아갈 용기를 얻었어요. 정말 감사합니다."

할머니는 눈물을 흘리며 그를 안아주었다.

"나도 고마워요. 사실 혼자 있으면서 많이 외로웠는데, 이제는 전 세계에 친구가 생긴 것 같아요."

그날 저녁, daughter가 전화를 했다.

"엄마, 텔레비전에서 봤어요! 정말 자랑스러워요!"

할머니는 웃으며 answer했다.

"처음엔 이 phone이 정말 hate스러웠는데, 지금은 내 인생의 가장 큰 luck이 된 것 같아. 고마워, 딸아."

pick 고르다 check 확인하다 week 주 ready 준비된 party 파티 eye 눈 five 다섯
save 절약하다 face 얼굴 business 사업 daughter 딸 answer 대답하다 phone 전화기
hate 미워하다 luck 행운

41a 음악 연상 / 세 번 쓰기

영어 ▶ 한글

power [páuər=파월]

힘 (명)

power

line [lain=라인]

선 (명)

line

hospital [háspitəl=하스피털]

병원 (명)

hospital

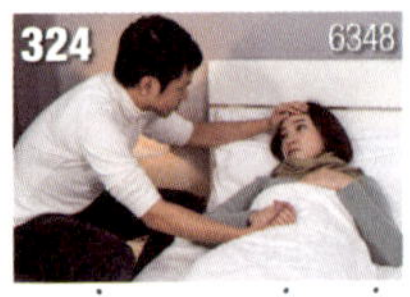

alright [ɔːlráit=얼라잍(트)]

괜찮은 (형)

alright

wedding [wédiŋ=웨딩]

결혼(식)⁽명⁾

wedding

number [nʌ́mbər=넘벌]

숫자⁽명⁾

number

police [pəlíːs=펄리이스]

경찰⁽명⁾

police

story [stɔ́ːri=ㅅ토뤼]

이야기⁽명⁾

story

power
약한 사람들은 꿈꾸고 강한 사람들은 중독되는 것.
1

A 힘

line
점들이 손잡고 늘어선 모양.
2

B 괜찮은

hospital
아픈 사람들이 건강을 되찾으러 가는 곳.
3

C 선

alright
걱정하는 말에 대한 대답.(= all right)
4

D 병원

wedding

두 사람이 하나가 되는 인생 최고의 행사.

비 marriage 결혼 (제도)
반 divorce 이혼

5

E 결혼(식)

number

세상의 모든 것을 세고 재는 기호

6

F 경찰

police

나쁜 사람을 잡고 착한 사람을 지키는 사람.

비 cop 경찰 (속어)
반 criminal 범죄자

7

G 숫자

story

처음과 끝이 있는 마음속 여행.

8

H 이야기

42ⓐ 음악 연상 / 세 번 쓰기

certain [sə́ːrtn=썰튼]

확실한⑱

certain

free [friː=프뤼이]

자유로운⑱ 무료인⑱

free

month [mʌnθ=먼뜨]

월, 달⑲

month

catch [kætʃ=캐취]

잡다⑤

catch

333　6099

dinner [dínər=디널]

저녁 식사^명

dinner

334　6064

against [əgénst=어겐스트]

~에 맞서서^전 ~에 반대하여^전

against

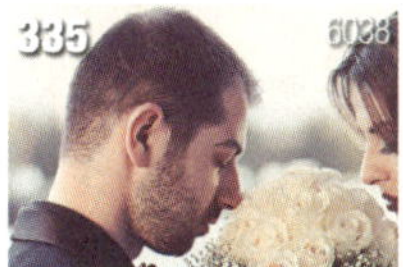

335　6008

husband [hʌ́zbənd=허즈번드]

남편^명

husband

336　6037

almost [ɔ́ːlmoust=얼모우스트]

거의^부 <al=all: 모두>

almost

certain
의심이 멈춘 자리에 피어난 꽃.
비 sure 확실한
반 uncertain 불확실한

1

A 월,
달

free
모든 벽이 사라진 곳에서 시작
되는 모든 가능성.

2

B 확실한

month
달이 차고 기우는 시간의 호흡.

3

C 자유로운,
무료의

catch
떨어지는 것과 받는 것 사이, 그
찰나의 만남.
반 release 놓아주다

4

D 잡다

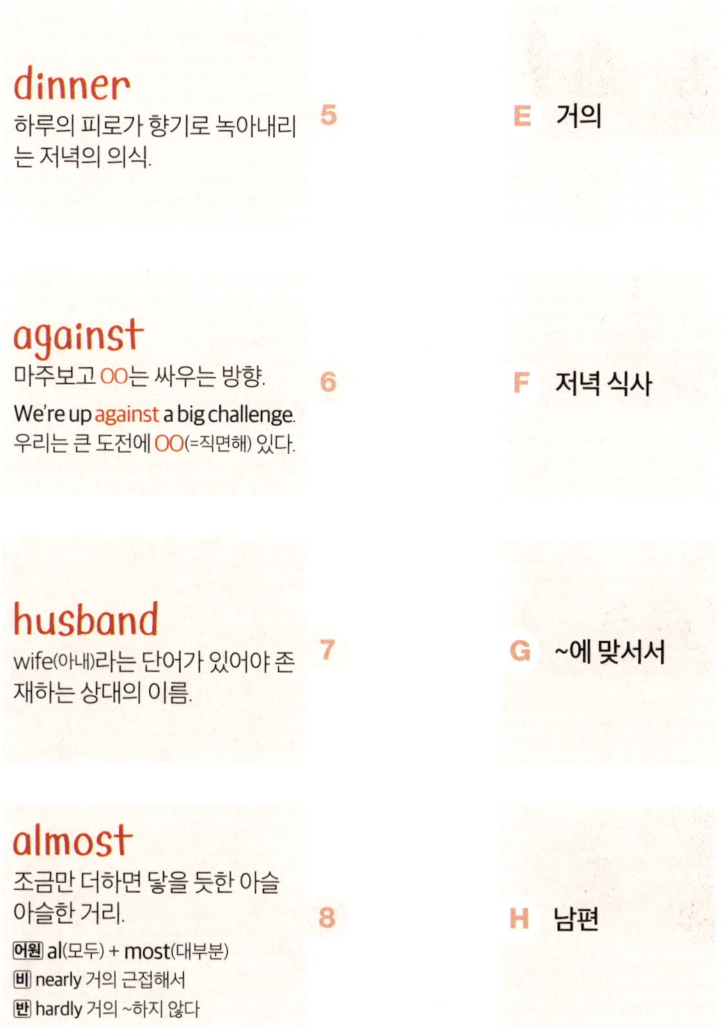

dinner
하루의 피로가 향기로 녹아내리는 저녁의 의식.

5

E 거의

against
마주보고 OO는 싸우는 방향.
We're up against a big challenge.
우리는 큰 도전에 OO(=직면해) 있다.

6

F 저녁 식사

husband
wife(아내)라는 단어가 있어야 존재하는 상대의 이름.

7

G ~에 맞서서

almost
조금만 더하면 닿을 듯한 아슬아슬한 거리.

8

H 남편

어원 al(모두) + most(대부분)
비 nearly 거의 근접해서
반 hardly 거의 ~하지 않다

office [ɔ́ːfis = 어피스]

사무실(명)

office

cool [kuːl = 쿠울]

시원한(형) 멋진(형)

cool

news [nuːz = 뉴우즈]

뉴스(명)

news

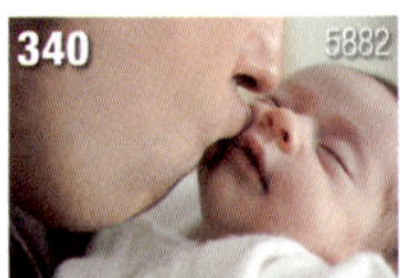

kiss [kis = 키스]

뽀뽀하다(동) 뽀뽀(명)

kiss

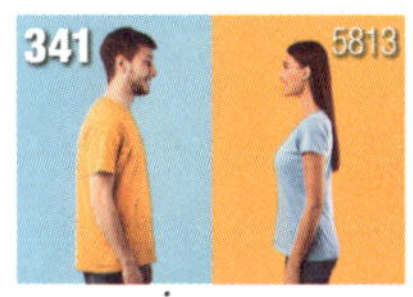

side [said=싸이드]

옆, 측면 (명)

side

picture [píktʃər=픽쳘]

그림 (명) 사진 (명)

picture

safe [seif=쎄이프]

안전한 (형)

safe

young [jʌŋ=영]

젊은 (형)

young

office

일하러 가는 어른들의 교실.

반 home

1

A 뉴스

cool

더울 때 에어컨을 틀면 느껴지
는 것. 또는, 그처럼 멋진 느낌.

비 cold 차가운
반 warm 따뜻한

2

B 뽀뽀하다

news

오늘 세상에 일어난 새로운 소
식. s가 붙었지만 정보들의 집합
이므로 양으로 여겨서 셀 수 없
는 명사이다.

3

C 사무실

kiss

입술과 입술이 만나는 사랑의
인사.

4

D 시원한,
멋진

side
center(가운데)가 아닌 왼쪽이나 오른쪽.

5

E 옆, 측면

picture
순간을 영원히 가두는 네모난 추억.
回 photo 사진

6

F 안전한

safe
위험이 들어올 수 없는 든든한 곳. save의 형용사 형태.
판 dangerous 위험한

7

G 젊은

young
경험보다 꿈이 더 많은 인생의 봄.
판 old 늙은

8

H 그림, 사진

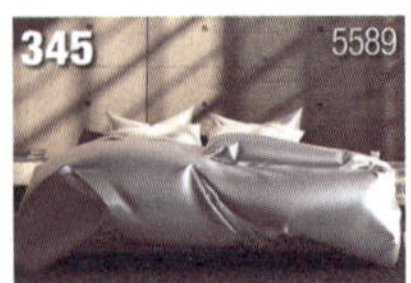

345 5589

bed [bed=베드]

침대 명

346 5583

also [ɔ́ːlsou=얼쏘우]

또한 부 <al = all: 모두>

347 5499

blood [blʌd=블러드]

피 명

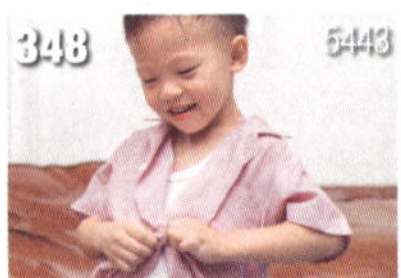

348 5443

wear [wɛər=웨얼]

입다 동

dream [driːm=드뤼임]

꿈⒨ 꿈꾸다⒭

dream

behind [biháind=비하인드]

~뒤에⒬

behind

inside [ínsáid=인싸이드]

~의 안쪽에⒬ 안쪽⒨

inside

high [hai=하이]

높은⒧ 높게⒢

high

bed
하루의 피로를 눕혀주는 꿈의 쉼터.

I stayed in bed all morning.
나는 아침 내내 OO 안에 있었다.

1

A 또한

also
하나 더 추가할 때.

I like coffee. I also like tea.
나는 커피를 좋아해. 나는 OO 차를 좋아해.
圓 too ~도

2

B 피

blood
온몸을 돌며 생명을 나르는 붉은 물.

3

C 입다

wear
몸에 걸치고 입어서 나를 꾸미는 것.
圓 put on 입다 dress 차려입다
圓 take off 벗다, 이륙하다

4

D 침대

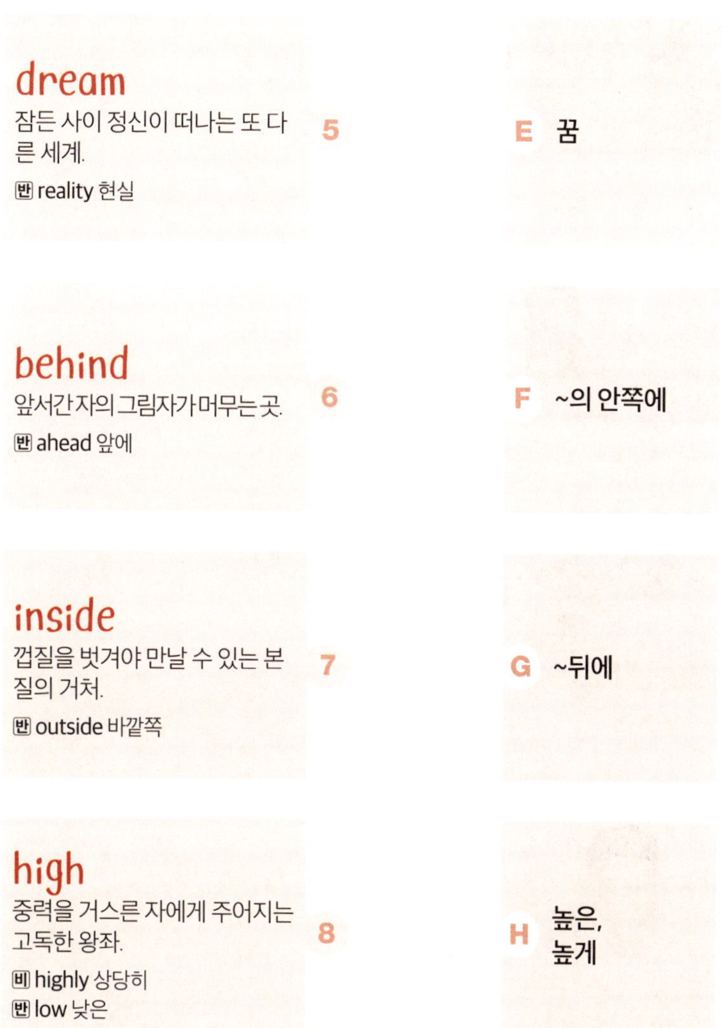

dream

잠든 사이 정신이 떠나는 또 다른 세계.

반 reality 현실

5

E 꿈

behind

앞서간 자의 그림자가 머무는 곳.

반 ahead 앞에

6

F ~의 안쪽에

inside

껍질을 벗겨야 만날 수 있는 본질의 거처.

반 outside 바깥쪽

7

G ~뒤에

high

중력을 거스른 자에게 주어지는 고독한 왕좌.

비 highly 상당히
반 low 낮은

8

H 높은, 높게

영어 ▶ 한글

353 5364

ahead [əhéd=어헫]

앞에⁽부⁾

ahead

354 5347

mistake [mistéik=미스테잌]

실수⁽명⁾ <mis: 잘못된>

mistake

355 5305

cut [kʌt=컽]

자르다⁽동⁾

cut

356 5256

sick [sik=씩(ㅋ)]

아픈⁽형⁾

sick

357　5165

death [deθ=데뜨]

죽음^명

death

358　5147

along [əlɔ́:ŋ=얼렁]

~을 따라서^전

along

359　4959

drop [drap=드랖]

떨어뜨리다^동

drop

360　4958

finish [fíniʃ=피니쉬]

끝내다^동 <fin: 끝>

finish

ahead

공간/시간에서 더 나아간 곳.
You can go ahead now.
너는 이제 OO 갈(=시작할) 수 있다.
비 forward 앞으로
반 behind 뒤에

1

A 자르다

mistake

mis(잘못) take(가져가다)한 것을
뭐라고 할까?
비 error 오류 fault 잘못

2

B 앞에

cut

칼이나 가위로 조각을 만드는 것.

3

C 아픈

sick

건강이 떠난 빈자리. 평범함이
그리워지는 특별한 고통.
비 ill 병든
반 healthy 건강한

4

D 실수

death

삶이 완성되는 마침표의 다른 이름. dead의 명사 형태.

⟨반⟩ birth 탄생

5

E 떨어뜨리다

along

long(길게)한 것을 쭉 OOO 가거나 행동하는 것.

She went along with him.
그녀는 그와 함께 OO갔다.

6

F 끝내다

drop

'갑자기 뚝'하는 온도, 또는 가격의 아래쪽 빠른 움직임.

⟨비⟩ fall 떨어지다
⟨반⟩ lift 들어올리다

7

G 죽음

finish

과정의 모든 노력이 결실을 맺는 도착지.

⟨반⟩ start 시작하다

8

H ~를 따라서

 음악 연상 / 세 번 쓰기

learn [ləːrn=러언]

배우다⑧

learn

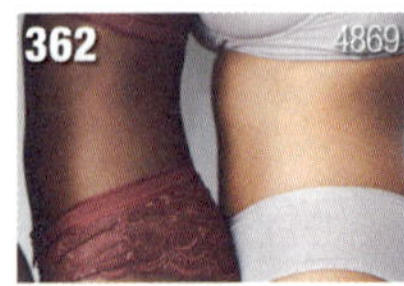

body [bádi=바디]

몸⑲

body

front [frʌnt=프런트]

앞⑲

front

clear [kliər=클리얼]

분명한⑲ 맑은⑲

clear

365   4814

light [lait=라잍티]

빛⁽명⁾ 가벼운⁽형⁾

light

366   4777

hot [hat=핱(티)]

뜨거운⁽형⁾

hot

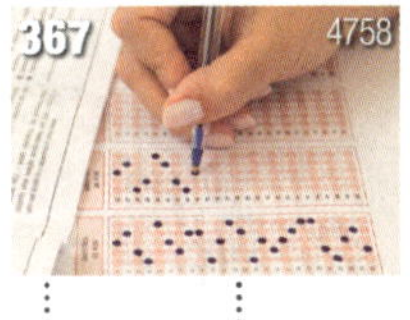

367   4758

test [test=테스트]

시험⁽명⁾

test

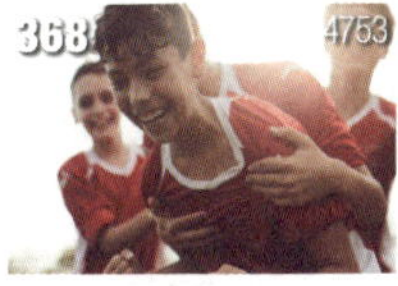

368   4753

win [win=윈]

이기다⁽동⁾

win

learn
모르던 것을 알아가는 성장의 과정.
비 study 공부하다

1

A 몸

body
머리부터 발끝까지, 나를 담은 그릇.
반 soul 영혼

2

B 배우다

front
평소 얼굴이 향하는 쪽. 명사이므로 전치사는 in front of을 쓴다.
I'm in front of the school.
나는 학교 O에 있다.
반 back 뒤

3

C 분명한, 맑은

clear
구름 하나 없는 하늘과 깨끗한 물의 느낌.
반 unclear 불분명한 cloudy 흐린

4

D 앞

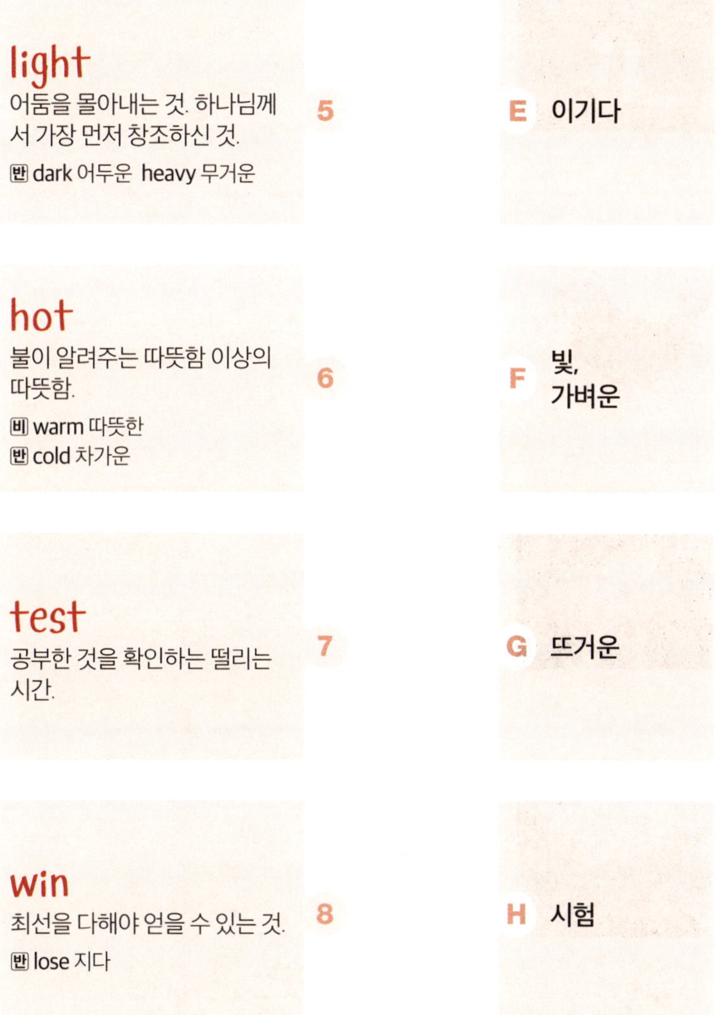

light
어둠을 몰아내는 것. 하나님께서 가장 먼저 창조하신 것.
⑪ dark 어두운 heavy 무거운

5

E 이기다

hot
불이 알려주는 따뜻함 이상의 따뜻함.
⑪ warm 따뜻한
⑪ cold 차가운

6

F 빛,
가벼운

test
공부한 것을 확인하는 떨리는 시간.

7

G 뜨거운

win
최선을 다해야 얻을 수 있는 것.
⑪ lose 지다

8

H 시험

six [siks=씩ㅅ]

여섯인⑱

six

early [ə́ːrli=얼을리]

일찍⑲ 일찍인⑱

early

dance [dæns=댄ㅅ]

춤추다⑧

dance

touch [tʌtʃ=터취]

만지다⑧

touch

373　4535

honest [ʌ́nist=어니스트]

정직한 (형)

honest

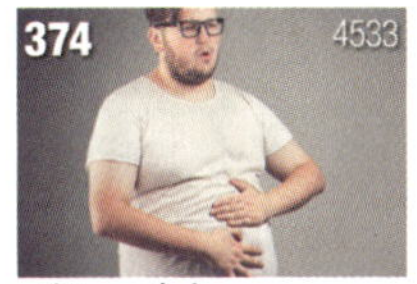

374　4533

full [ful=풀]

가득찬 (형)

full

375　4516

movie [múːvi=무우비]

영화 (명)

movie

376　4515

build [bild=빌드]

짓다 (동)

build

six
주사위의 가장 큰 눈이 보여주는 숫자.

🈁 sixth 여섯 번째

1

A 춤추다

early
남들보다 먼저인 시간.

The early bird catches the worm.
그 ○○ (일어나는) 새가 그 벌레를 잡는다. <영어 속담>

🈁 late 늦은, 늦게

2

B 여섯인

dance
음악이 몸을 빌려 그리는 보이지 않는 그림.

3

C 만지다

touch
거리가 0이 되는 피부의 첫 인사.

4

D 일찍

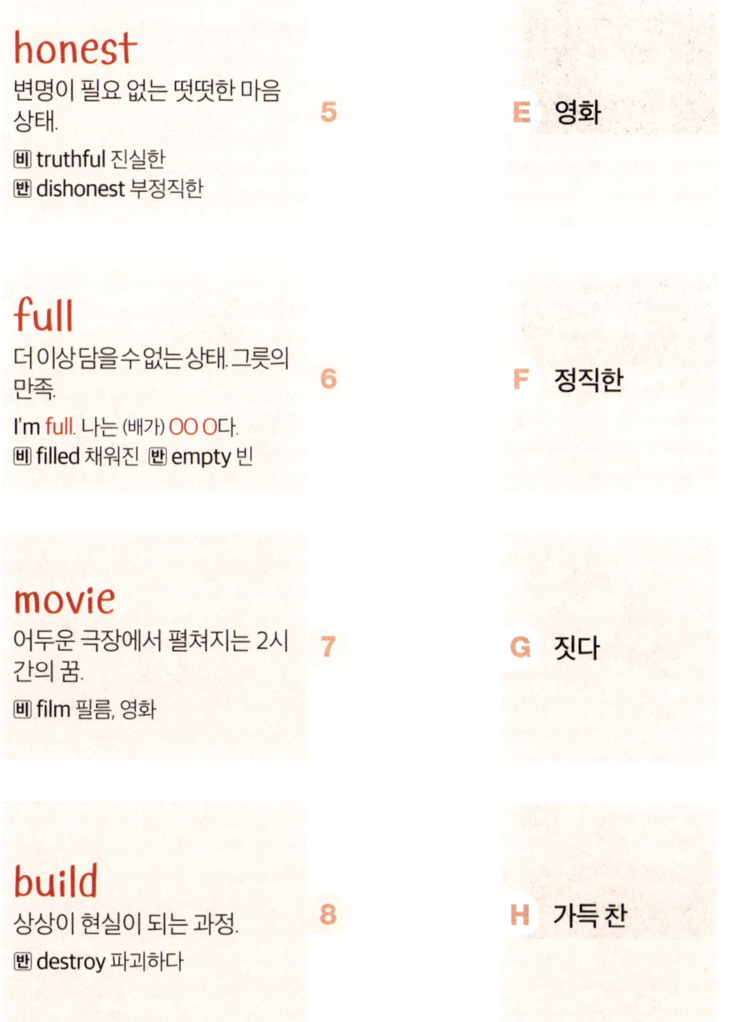

honest

변명이 필요 없는 떳떳한 마음 상태.

비 truthful 진실한
반 dishonest 부정직한

5

E 영화

full

더 이상 담을 수 없는 상태. 그릇의 만족.

I'm full. 나는 (배가) OO O다.
비 filled 채워진 반 empty 빈

6

F 정직한

movie

어두운 극장에서 펼쳐지는 2시간의 꿈.

비 film 필름, 영화

7

G 짓다

build

상상이 현실이 되는 과정.

반 destroy 파괴하다

8

H 가득 찬

coffee [kɔ́ːfi=커피]

커피 명

coffee

water [wɔ́ːtər=워털]

물 명

water

ten [ten=텐]

열인 형 명

ten

fast [fæst=패스트]

빠른 형 빠르게 부

fast

381 4373

welcome [wélkəm=웰컴]

환영하다 ⑧

welcome

382 4295

paper [péipər=페이펄]

종이 ⑲

paper

383 4209

company [kʌ́mpəni=컴퍼니]

회사 ⑲

company

384 4200

pass [pæs=패스]

지나가다 ⑧ 통과하다 ⑧

pass

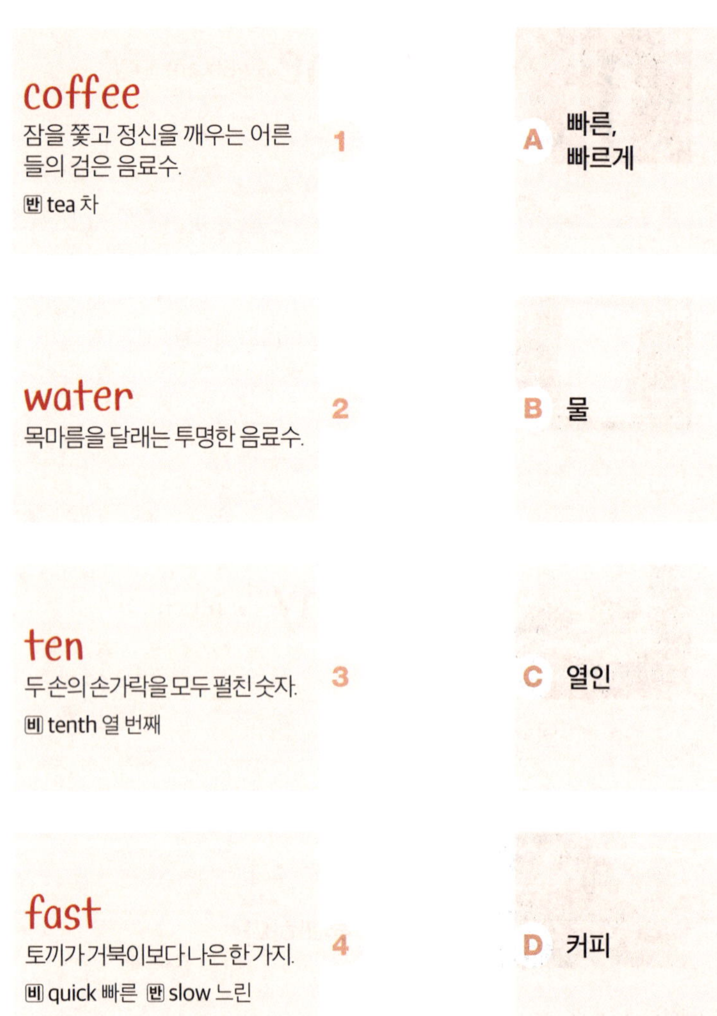

coffee
잠을 쫓고 정신을 깨우는 어른들의 검은 음료수.
[반] tea 차

1

A 빠른, 빠르게

water
목마름을 달래는 투명한 음료수.

2

B 물

ten
두 손의 손가락을 모두 펼친 숫자.
[비] tenth 열 번째

3

C 열인

fast
토끼가 거북이보다 나은 한 가지.
[비] quick 빠른 [반] slow 느린

4

D 커피

welcome　5
문을 열고 반갑게 맞이하는 인사.

paper　6
나무가 변신한 얇은 글쓰기 판.

company　7
혼자가 아닌 함께하는 동료들의
모임.

pass
막힌 곳을 뚫거나 피해서 반대
편으로 가는 것.　8
Pass me the salt. 그 소금을 나에
게 OOOO 해라(=건네줘라).
⟪반⟫ fail 실패하다

E　회사

F　지나가다

G　환영하다

H　종이

385 4134

control [kəntróul=컨트로울]

조종하다⑧ 통제하다⑧

control

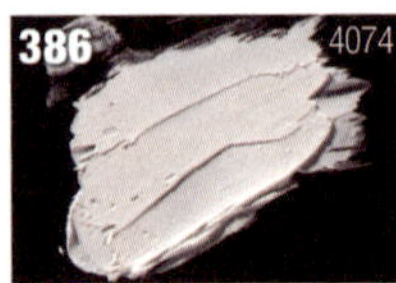

386 4074

white [wait=와일(트)]

흰색의⑲

white

387 4032

grow [grou=그로우]

자라다⑧

grow

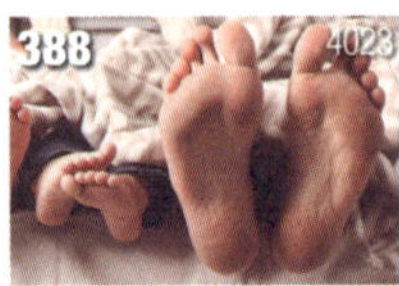

388 4023

foot [fut=풀]

발⑲

foot

agree [əgríː=어ㄱ뤼이]

동의하다⑧

agree

hundred [hʌ́ndrəd=헌ㄷ뤱(ㄷ)]

백인⑲⑲

hundred

strong [strɔːŋ=스트룅]

강한⑲

strong

dog [dɔːg=더억(ㄱ)]

개⑲

dog

control

내 뜻대로 움직이게 하는 행동.
She has control over the team.
그녀는 팀에 대해 OO권을 갖는다.
비 manage 관리하다

1

A 조종하다,
통제하다

white

눈처럼 깨끗하고 순수한 색.
빛의 3원색인 Red(빨간색),
Green(초록색), Blue(파란색)을 합
치면 이 색이 된다.
반 black 검정색

2

B 자라다

grow

씨앗 속에 잠든 거인이 깨어나
는 기적.

3

C 흰색의

foot

온몸을 떠받치고 걷게 하는 두
기둥의 맨 아래.
비 feet 발들 paw (동물의) 발

4

D 발

agree

서로 다른 생각이 하나로 만나
는 순간.

I agree with you.
나는 네게 OOOO.
⟮반⟯ disagree 반대하다

5

E 강한

hundred

열 개가 열 번 모인 완벽함의 큰
숫자.

⟮비⟯ century 세기 (100년)

6

F 개

strong

weakness(약함)가 단련되어 얻
는 단단한 갑옷.

⟮비⟯ powerful 강력한
⟮반⟯ weak 약한

7

G 동의하다

dog

꼬리로 마음을 표현하며 무조건
적 사랑을 가르치는 네 발의 스승.

⟮비⟯ puppy (어린) 강아지

8

H 백인

영어 ▶ 한글

dress [dres=드뤠스]

드레스⑲ 갖춰 입다⑧

dress

push [puʃ=푸쉬]

밀다⑧

push

hair [hɛər=헤얼]

머리카락⑲

hair

future [fjúːtʃər=퓨쳘]

미래⑲

future

usual [júːʒuəl=유쥬얼]

보통의 ⑲

usual

danger [déindʒər=데인절]

위험 ⑲

danger

sell [sel=쎌]

팔다 ⑧

sell

cold [kould=코울드]

추운 ⑲

cold

50b ● 퍼즐 연상

dress
여자들이 입는 한 조각의 우아한 옷.
반 undress 벗다

1

A 밀다

push
앞으로 밀어내는 힘찬 행동.
반 pull 당기다

2

B 드레스, 갖춰 입다

hair
머리 위에서 자라는 수많은 검은 실.

3

C 미래

future
현재가 꿈꾸는 가능성의 빈 도화지.
반 past 과거

4

D 머리카락

usual

놀라움 없이 예측 가능한 일상
의 리듬.

5

비 normal 정상적인
반 unusual 특이한

E 위험

danger

용기와 무모함 사이에 놓인 얇
은 줄.

6

The animals are in danger.
그 동물들은 OO에 처해 있다.
비 risk 위험 반 safety 안전

F 추운

sell

설득이 지갑을 여는 마법의 주문.

7

반 buy 사다

G 보통의

cold

숨결이 하얗게 피어나는 공기의
온도.

8

반 hot 뜨거운

H 팔다

방귀 영웅 김뿡뿡 관련 단원 1-50

김뿡뿡은 평범한 초등학생이었다. 딱, one thing만 빼고. 그는 누구보다 강한 power의 지독한 냄새의 방귀를 뀔 수 있었다!

어느 날, 김뿡뿡은 news를 watch했다. '개 hundred 마리가 사라졌다!' 그래서 수업을 빼고 개를 찾기 위해 교장실로 run했다.

"제가 dog들을 find할게요!"

교장 선생님이 say했다.

"Young한 너는 danger해. police가 find할거야."

But 김뿡뿡은 자신의 방귀 power로 해결할 수 있다고 certain했다.

김뿡뿡은 white 마스크를 wear하고 out으로 go했다. 그때 이상한 line을 발견했다. Many 색깔의 개의 hair가 떨어진 way였다!

"Drop된 털을 따라가면 되겠다!"

길을 따라가니 버려진 hospital이 나왔다. inside에서 이상한 sound가 들렸다.

"멍멍! 왈왈! 컹컹!"

김뿡뿡이 door를 open하자, 놀라운 광경이 펼쳐졌다! hundred마리 강아지가 결혼 dress를 wear하고 있었다!

one 하나 thing 것 power 힘 news 뉴스 watch 보다 hundred 백 run 달리다 dog 개
find 찾다 say 말하다 young 어린 danger 위험한 police 경찰 find 찾다 But 그러나
power 힘 certain 확신하는 white 흰색 wear 입다 out 밖으로 go 가다 line 선
many 많은 hair 털 way 길 drop 떨어뜨리다 hospital 병원 inside 안쪽 sound 소리
door 문 open 열다 hundred 백 dress 드레스 wear 입다

"이게 what?!"

그때 cold한 목소리가 들렸다.

"My dream은 강아지 패션 디자이너가 되는 거야! 하하하!"

Bad man이 come했다. 그는 company 사장이었는데, 강아지 옷을 make해서 sell하려고 했다.

김뿡뿡이 say했다.

"강아지들을 free하게 가도록 let해요!"

"No! 나의 future는 이 business에 달렸어!"

김뿡뿡은 body를 turn했다. 엉덩이를 high 들고...

"방귀 공격! 뿌우우우웅~~~!"

strong하고 더러운 바람을 아저씨에게 far 날렸다!

"으악! 속이 sick해! 이 썩은 냄새는 뭐야?!"

김뿡뿡이 말했다.

"어제 dinner에 고구마를 ten 개나 eat했거든요!"

아저씨가 fast하게 달리려는 순간 강아지들이 kiss를 give했다.

"으악! 간지러워! Stop!"

그때 police가 come했다.

"Who가 call했나요?"

what 무엇 cold 차가운 My 나의 dream 꿈 Bad 나쁜 man 남자 come 오다
company 회사 make 만들다 sell 팔다 say 말하다 free 자유롭게 let 허락하다 No 아니오
future 미래 business 사업 body 몸 turn 돌리다 high 높이 strong 강한 far 멀리
sick 아픈 dinner 저녁 ten 열인 eat 먹다 fast 빠르게 kiss 뽀뽀 give 주다 Stop 멈추다
police 경찰 come 오다 Who 누가 call 부르다

뽕뽕이 behind에서 할머니가 come했다.

"제가 신고했어요. 이 kid가 영웅이에요!"

Next 날 news에 나왔다. *'방귀 영웅, 강아지 hundred마리 save했다!'*

friend들이 ask했다.

"어제 텔레비전 watch했어? 방귀 영웅 나왔던데!"

School에서 김뽕뽕은 스타가 되었다. But 겸손했다.

"모두가 영웅이 될 can 있어. 자기만의 재능이 있다면!"

One 친구가 물었다.

"나는 오줌을 much 싸!" <이오줌>

"나는 코딱지 eat하는 걸 like해!" <박코딱>

"My 똥은 white 색깔이야!" <최똥똥>

"똥이 white면 빨리 병원에…" <교장 선생님>

이때, 김뽕뽕이 교장 선생님 말을 가로챘다.

"These 모두 power야."

그렇게 '특별한 power 팀'이 make되었다.

Next day 학교에서 big한 사건이 터졌다!

"도둑이 들었다! Coffee 기계가 사라졌어!"

피곤한 선생님들은 coffee 없이는 수업을 제대로 do할 수 없었다. 교장선생님이 말했다.

"police를 call하자!"

But 김뿡뿡이 hand를 들었다.

"We 특별한 힘 팀이 catch할게요!"

First로 나선 건 '이오줌'이었다.

"내 오줌 line을 따라가면 도둑을 find할 수 있어!"

그는 화장실에서 water를 ten잔이나 drink했다. And 학교 전체에 오줌 자국을 leave했다. 곳곳에 찌린내가 진동했지만 도둑을 catch하려면 어쩔 수 없었다.

"This way야! Along 오줌이 흐르는 place로!"

오줌이 끊긴 place에는 두 갈래 way가 있었다. One side에 더러운 something이 있었는데, 박코딱이 나섰다.

"음... 이 맛은! First 맛보는 코딱지인데? 도둑은 this way로 go했어!"

길을 따라가니 more는 use하지 않는 창고가 나타났다.

"도둑이 behind 창고에 있어! 빨리 go하자!"

창고 뒤는 어두워서 nothing도 see할 수 없었다. 이 time에 '최똥

coffee 커피 do 하다 police 경찰 call 부르다 But 그러나 hand 손 We 우리
catch 잡다 First 처음 line 선 find 찾다 water 물 ten 열인 drink 마시다 And 그리고
leave 남기다 catch 잡다 This 이 way 길 ALONG ~을 따라 place 장소 way 길 One 하나
side 쪽 something 무언가 First 처음 this 이 way 길 go 가다 more 더 use 사용하다
behind 뒤 go 가다 nothing 아무것도 see 보다 time 시간, ~번

똥'이 나섰다.

"잠깐만 wait해봐!!"

He가 바지를 내리고 white 똥을 쌌다. 놀랍게도 똥이 light처럼 빛났다!

There에는 수상한 man이 coffee 기계와 together 앉아있었다!

도둑이 run하려 했지만, 김뿡뿡이 방귀를 뀌었다! '뿌우우웅!'

"Catch했다!"

"꾸웩! 뭐야 이게! sick해! 나를 hospital로 send해줘! Never again 안 훔칠게!"

그때 교장선생님이 나타났다.

"너희들 덕분에 선생님들이 coffee를 drink할 수 있게 됐어! Thank you!"

그날부터 '특별한 힘 팀'은 school의 영웅이 되었다. 누군가 problem이 생기면 always 달려갔다.

But 점심시간. Water를 drink하던 학생이 problem을 발견했다.

"급식실에 커다란 바퀴벌레가 come했어!"

김뿡뿡이 일어났다.

---

wait 기다리다 He 그 white 흰색 light 빛 There 거기 man 남자 coffee 커피
together 함께 run 달리다 Catch 잡다 sick 아픈 hospital 병원 send 보내다
Never 절대 again 다시 coffee 커피 drink 마시다 Thank 감사 you 너 school 학교
problem 문제 always 항상 But 그러나 water 물 drink 마시다 problem 문제 come 오다

"내가 해결할게! One, two, three! 뿌우우웅~!"

벌레가 냄새에 die했다! 하지만…

"꾸웩! 창문을 open해!"

"나도 die하겠어! 맑은 공기가 need해!"

Mistake였다. 급식실이 방귀 냄새로 full했다! Kid들은 헛구역질을 하며 더 이상 밥을 eat할 수 없었다.

그때, 교장 선생님이 come했다.

"What 냄새… 윽!"

"선생님, 저는 sorry해요. 벌레를 죽이려다가 그만…"

"Honest하게 tell하면, 나도 young할 때 방귀 냄새가 고약했어."

모두가 놀랐다.

"Really?"

"Yes. 한번은 test time에 방귀를 뀌어서 난리도 아니었어. 하지만 약속해. 앞으로 방귀 power는 good work에만 사용하기!"

"네! 약속해요!"

자동암기 초등 영단어 500에서 계속됩니다.

One 하나 two 둘 three 셋 die 죽다 open 열다 need 필요하다 Mistake 실수 full 가득한 kid 아이 eat 먹다 come 오다 What 무엇 sorry 미안한 Honest 솔직한 tell 말하다 young 어린 Really 정말 Yes 네 test 시험 time 시간 power 힘 good 좋은 work 일

영어 이름 만들기 400 <남자 이름 1~200위>

미국에서 가장 많이 짓는 이름 (2024년 통계)

순위 **이름** [정확한 영어 발음] 한국식 영어 이름

순위	이름
79	Aaron [ɛ́ərən] 아론
165	Ace [éis] 에이스
100	Adam [ǽdəm] 애덤
72	Adrian [éidriən] 에이드리언
109	Adriel [éidriəl] 에이드리얼
47	Aiden [éidən] 에이든
167	Alan [ǽlən] 앨런
184	Alejandro [ɑ:leihɑ́:ndrou] 알레한드로
27	Alexander [ǽlɪgzǽndər] 알렉산더
172	Amari [əmɑ́:ri] 아마리
95	Amir [əmí:r] 아미르
197	Andres [ɑ:ndréis] 안드레이스
68	Andrew [ǽndru:] 앤드루
63	Angel [éindʒəl] 엔젤
44	Anthony [ǽnθəni] 앤소니
180	Antonio [æntóuniou] 안토니오
115	Archer [ɑ́:rʧər] 아처
146	Arlo [ɑ́:rlou] 알로
105	Arthur [ɑ́:rθər] 아서
20	Asher [ǽʃər] 애셔
188	Ashton [ǽʃtən] 애시턴
101	Atlas [ǽtləs] 애틀러스
88	August [ɔ́:gəst] 어거스트
107	Austin [ɔ́:stin] 오스틴
78	Axel [ǽksəl] 액설
186	Barrett [bǽrət] 배럿
69	Beau [bou] 보
166	Beckett [békit] 베킷
168	Beckham [békəm] 베컴
11	Benjamin [béndʒəmin] 벤자민
60	Bennett [bénit] 베닛
170	Braxton [brǽkstən] 브랙스턴
190	Brayden [bréidən] 브레이든
67	Brooks [brúks] 브룩스

순위	이름
147	Bryson [bráisən] 브라이슨
49	Caleb [kéiləb] 갈렙
159	Callum [kǽləm] 캘럼
140	Calvin [kǽlvin] 캘빈
193	Camden [kǽmdən] 캠든
66	Cameron [kǽmərən] 카메론
135	Carlos [kɑ́:rlos] 카를로스
123	Carson [kɑ́:rsən] 카슨
45	Carter [kɑ́:rtər] 카터
51	Charles [ʧɑ́:rlz] 찰스
176	Charlie [ʧɑ́:rli] 찰리
173	Chase [ʧéis] 체이스
77	Christian [kríʧən] 크리스천
61	Christopher [krístəfər] 크리스토퍼
162	Cole [kóul] 콜
98	Colton [kóultən] 콜턴
136	Connor [kánər] 코너
50	Cooper [kú:pər] 쿠퍼
110	Damian [déimiən] 데미안
16	Daniel [dǽnjəl] 대니얼
31	David [déivid] 데이비드
139	Dawson [dɔ́:sən] 도슨
142	Dean [di:n] 딘
131	Declan [déklən] 데클런
145	Diego [diéigou] 디에고
108	Dominic [dámɪnɪk] 도미닉
28	Dylan [dílən] 딜런
103	Easton [í:stən] 이스턴
92	Eli [í:lai] 일라이
25	Elias [iláiəs] 일라이어스
8	Elijah [ɪláidʒə] 일라이자
150	Elliot [éliət] 엘리엇
163	Elliott [éliət] 엘리엇
113	Emiliano [emiliɑ́:nou] 에밀리아노
152	Emilio [imí:liou] 이밀리오

순위	이름
181	Emmanuel [imǽnjuəl] 엠마뉴엘
119	Emmett [émɪt] 에밋
74	Enzo [énzou] 엔조
19	Ethan [í:θən] 에단
143	Evan [évən] 에반
85	Everett [évərɪt] 에버릿
54	Ezekiel [izí:kjəl] 이지키얼
13	Ezra [ézrə] 에즈라
177	Felix [fí:lɪks] 필릭스
198	Finn [fín] 핀
43	Gabriel [géibriəl] 가브리엘
89	Gael [gáel] 게일
124	George [dʒɔ́:rdʒ] 조지
122	Giovanni [dʒová:ni] 지오바니
129	Graham [gréiəm] 그레이엄
48	Grayson [gréisən] 그레이슨
127	Greyson [gréisən] 그레이슨
121	Harrison [hǽrisən] 해리슨
154	Hayden [héidən] 헤이든
160	Hayes [héiz] 헤이스
6	Henry [hénri] 헨리
22	Hudson [hʌ́dsən] 허드슨
128	Hunter [hʌ́ntər] 헌터
75	Ian [í:ən] 이안
40	Isaac [áɪzək] 이삭
56	Isaiah [aizéiə] 이사야
153	Ivan [áivən] 이반
114	Jace [dʒéis] 제이스
15	Jack [dʒǽk] 잭
35	Jackson [dʒǽksən] 잭슨
41	Jacob [dʒéikəb] 제이콥
5	James [dʒéimz] 제임스
117	Jameson [dʒéimsən] 제임슨
148	Jason [dʒéisən] 제이슨

정확한 발음 듣기

제 한글 이름은 '황의민'입니다. 발음이 어려워서 영어 이름을 만들었는데, 당시(20대 중반) 음악을 20년 가까이 익혔기에, Microphone(마이크로폰)과 발음이 비슷한 Mike(마이크)로 정했습니다. 이처럼 이야기와 연결해도 좋고, '한글 발음'과 비슷한 영어 이름을 지어도 좋습니다. 한국과 미국 양쪽에서 사용되는 남자 이름으로 유진(Eugene), 여자 이름으로 안나(Anna), 한나(Hannah), 사라(Sarah), 미나(Mina)가 있습니다.

완벽히 같지 않아도 비슷한 발음으로, 남자이름 준호 대신 John(존), 현우 대신 Henry(헨리),

133 Jasper [ʤǽspər] 재스퍼	9 Lucas [lúːkəs] 루카스	87 Ryan [ráiən] 라이언
96 Jaxon [ʤǽksən] 잭슨	130 Luis [luːíːs] 루이스	134 Ryder [ráidər] 라이더
171 Jaxson [ʤǽksən] 잭슨	94 Luka [lúːka] 루카	183 Ryker [ráikər] 라이커
169 Jayce [ʤéis] 제이스	34 Luke [lúːk] 루크	
59 Jayden [ʤéidən] 제이든		17 Samuel [sǽmjuəl] 사무엘
93 Jeremiah [ʤerəmáiə] 예레미아	149 Malachi [mǽləkai] 말라기	29 Santiago [sæntiáːgou] 산티아고
187 Jesse [ʤési] 제시	42 Mason [méisən] 메이슨	132 Sawyer [sɔ́ːjər] 소여
164 Jesus [ʤiːzəs] 예수	7 Mateo [mətéiou] 마테오	14 Sebastian [səbǽsʧən] 세바스찬
161 Jett [ʤét] 제트	158 Matias [mətíːəs] 마티아스	81 Silas [sáiləs] 사일러스
21 John [ʤɑn] 존	138 Matteo [mətéiou] 마테오	155 Stetson [stétsən] 스텟슨
126 Jonah [ʤóunə] 요나	33 Matthew [mǽθjuː] 매튜	
83 Jonathan [ʤánəθən] 조나단	36 Maverick [mǽvərik] 매버릭	195 Tatum [téitəm] 테이텀
104 Jordan [ʤɔ́ːrdən] 조던	175 Max [mǽks] 맥스	80 Theo [θíːou] 테오
91 Jose [houzéi] 호세	182 Maxwell [mǽkswel] 맥스웰	4 Theodore [θíːədɔːr] 시어도어
32 Joseph [ʤóuzef] 요셉	86 Micah [máikə] 마이카	55 Thiago [tiáːgou] 티아고
57 Joshua [ʤáʃuə] 여호수아	18 Michael [máikəl] 마이클	39 Thomas [táməs] 토마스
53 Josiah [ʤousáiə] 요시아	189 Miguel [migél] 미구엘	200 Tucker [tʌ́kər] 터커
137 Juan [hwɑːn] 후안	37 Miles [máilz] 마일스	191 Tyler [táilər] 타일러
179 Judah [ʤúːda] 유다	120 Milo [máilou] 마일로	
156 Jude [ʤúːd] 주드	99 Myles [máilz] 마일스	111 Vincent [vínsənt] 빈센트
30 Julian [ʤúːliən] 줄리안		
199 Justin [ʤʌ́stɪn] 저스틴	62 Nathan [néiθən] 네이슨	82 Walker [wɔ́ːkər] 워커
	144 Nathaniel [nəθǽnjəl] 나다니엘	65 Waylon [wéilən] 웨일런
76 Kai [kái] 카이	118 Nicholas [níkələs] 니콜라스	58 Wesley [wésli] 웨슬리
125 Kayden [kéidən] 케이든	185 Nicolas [níkələs] 니콜라스	70 Weston [wéstən] 웨스턴
196 Kevin [kévin] 케빈	2 Noah [nóuə] 노아	10 William [wíljəm] 윌리엄
178 Kingston [kíŋstən] 킹스턴	64 Nolan [nóulən] 놀런	38 Wyatt [wáiət] 와이엇
106 Landon [lǽndən] 랜든	3 Oliver [álɪvər] 올리버	102 Xavier [zéɪviər] 자비에르
157 Legend [léʤənd] 레전드	26 Owen [óuin] 오웬	
24 Leo [líːou] 리오		194 Zachary [zǽkəri] 재커리
141 Leon [líːɑn] 리온	97 Parker [páːrkər] 파커	151 Zion [záiən] 자이언
84 Leonardo [liənáːrdou] 레오나르도	192 Peter [píːtər] 피터	
12 Levi [líːvai] 리바이		
1 Liam [líəm] 리엄	174 Rhett [rét] 레트	
73 Lincoln [líŋkən] 링컨	112 River [rívər] 리버	
46 Logan [lóugən] 로건	90 Robert [rábərt] 로버트	
116 Lorenzo [lərénzou] 로렌조	52 Roman [róumən] 로만	
23 Luca [lúːka] 루카	71 Rowan [róuən] 로언	

영어 이름 만들기 400 <여자 이름 1~200위>

미국에서 가장 많이 짓는 이름 (2024년 통계)

순위 **이름** [정확한 영어 발음] 한국식 영어 이름

93 Aaliyah [ɑ:lí:a] 알리야	181 Brianna [briǽna] 브리애나	2 Emma [éma] 에마
32 Abigail [ǽbigeil] 아비게일	144 Brielle [briél] 브리엘	131 Esther [éstər] 에스터
193 Ada [éida] 에이다	108 Brooklyn [brúklin] 브루클린	120 Eva [í:va] 이바
194 Adaline [ǽdəlain] 애들라인		174 Evangeline [ivǽndʒəlin] 에반절린
163 Adalynn [ǽdəlin] 애들린	176 Callie [kǽli] 캘리	8 Evelyn [évəlin] 에블린
68 Addison [ǽdisən] 애디슨	11 Camila [kəmí:la] 카밀라	164 Everleigh [évərli] 에버리
58 Adeline [ǽdəlain] 애들라인	92 Caroline [kǽrəlain] 캐롤라인	81 Everly [évərli] 에버리
101 Ailany [éiləni] 아일라니	128 Catalina [kætəlí:na] 카탈리나	159 Freya [fréia] 프레이아
112 Alaia [əláia] 알라이아	123 Cecilia [səsí:lia] 서실리아	
143 Alana [əlá:na] 얼라나	198 Celeste [səlést] 셀레스트	106 Gabriella [gæbriéla] 가브리엘라
178 Alani [əlá:ni] 얼라니	140 Charlie [ʧá:rli] 찰리	55 Genesis [dʒénəsis] 제네시스
62 Alice [ǽlis] 앨리스	4 Charlotte [ʃá:rlət] 샬럿	165 Genevieve [dʒénəvi:v] 제네비브
135 Alina [əlí:na] 얼리나	20 Chloe [klóui] 클로이	110 Georgia [dʒɔ́:rdʒa] 조지아
99 Allison [ǽlisən] 앨리슨	67 Claire [klɛər] 클레어	23 Gianna [dʒiá:na] 지아나
121 Amara [əmá:ra] 아마라	78 Clara [klǽra] 클라라	40 Grace [gréis] 그레이스
169 Amaya [əmáia] 아마야	102 Cora [kɔ́:ra] 코라	
3 Amelia [əmí:lia] 아밀리아		114 Hadley [hǽdli] 해들리
136 Amira [əmí:ra] 아미라	76 Daisy [déizi] 데이지	100 Hailey [héili] 헤일리
166 Anastasia [ænəstéiʒa] 아나스타샤	192 Daphne [dǽfni] 대프니	148 Hallie [hǽli] 핼리
185 Andrea [ǽndria] 앤드리아	50 Delilah [diláila] 딜라일라	52 Hannah [hǽna] 해나
94 Anna [ǽna] 안나		12 Harper [há:rpər] 하퍼
191 Annie [ǽni] 애니	72 Eden [í:dən] 에덴	19 Hazel [héizəl] 헤이즐
26 Aria [á:ria] 아리아	14 Eleanor [élənɔ:r] 엘러너	
103 Ariana [æriána] 애리아나	45 Elena [eléina] 엘레이나	71 Iris [áiris] 아이리스
195 Arianna [æriána] 애리아나	18 Eliana [eliá:na] 엘리아나	167 Isabel [ízəbel] 이사벨
196 Ariella [æriéla] 애리엘라	118 Eliza [iláiza] 일라이자	7 Isabella [izəbéla] 이사벨라
162 Arya [á:ria] 아리아	17 Elizabeth [ilízəbəθ] 엘리자베스	170 Isabelle [izəbél] 이사벨
124 Ashley [ǽʃli] 애슐리	30 Ella [éla] 엘라	35 Isla [áila] 아일라
90 Athena [əθí:na] 아테나	141 Elliana [eliá:na] 엘리아나	36 Ivy [áivi] 아이비
130 Aubrey [ɔ́:bri] 오브리	21 Ellie [éli] 엘리	
82 Audrey [ɔ́:dri] 오드리	64 Eloise [éloui:z] 엘로이즈	84 Jade [dʒéid] 제이드
16 Aurora [ərɔ́:ra] 어로라	155 Elsie [élsi] 엘시	199 Jasmine [dʒǽzmin] 자스민
79 Autumn [ɔ́:təm] 어텀	137 Ember [émbər] 엠버	56 Josephine [dʒóusəfi:n] 조세핀
9 Ava [éiva] 에이바	151 Emerson [émərsən] 에머슨	88 Josie [dʒóuzi] 조지
31 Avery [éivəri] 에이버리	154 Emersyn [émərsən] 에머슨	116 Julia [dʒú:lia] 줄리아
69 Ayla [éila] 에일라	70 Emery [éməri] 에머리	129 Juliette [dʒu:liét] 줄리엣
	43 Emilia [imí:lia] 이밀리아	152 June [dʒú:n] 준
182 Bailey [béili] 베일리	25 Emily [éməli] 에밀리	
109 Bella [béla] 벨라		
158 Blakely [bléikli] 블레이클리		

여자 이름으로 진아 대신 지나(Jina), 지연 대신 Jane(제인), 수진 대신 Susan(수잔), 소희 대신 Sophie(소피). '의미' 중심으로, '은혜'를 영어로 바꾼 Grace(그레이스), 나리(백합)를 영어로 바꾼 Lily(릴리)를 쓸 수 있습니다.

평소 좋아하는 인물의 이름으로 짓는다면, <성경>의 '다윗' 왕의 영어 이름인 David(데이빗), 찰스 디킨스의 소설 <올리버 트위스트>의 Oliver, 연기자 Liam Hemsworth(리암 햄즈워스)의 Liam으로 지을 수 있습니다.

111 Juniper [ʤú:nipər] 주니퍼

180 Kaia [káia] 카이아
175 Katherine [kǽθərin] 캐서린
150 Kehlani [keilá:ni] 케일라니
89 Kennedy [kénədi] 케네디
85 Kinsley [kínzli] 킨즐리
189 Kylie [káili] 카일리

38 Lainey [léini] 레이니
37 Layla [léila] 레일라
53 Leah [lí:a] 리아
66 Leilani [leilá:ni] 레일라니
187 Lia [lí:a] 리아
179 Lilah [láila] 라일라
80 Liliana [liliá:na] 릴리아나
54 Lillian [líliən] 릴리언
24 Lily [líli] 릴리
98 Lucia [lú:ʃa] 루시아
34 Lucy [lú:si] 루시
13 Luna [lú:na] 루나
97 Lydia [lídia] 리디아
83 Lyla [láila] 라일라

200 Mackenzie [məkénzi] 맥켄지
87 Madeline [mǽdəlin] 매들린
65 Madelyn [mǽdəlin] 매들린
46 Madison [mǽdisən] 매디슨
75 Maeve [méiv] 메이브
138 Magnolia [mægnóulia] 매그놀리아
119 Margaret [má:rgərit] 마거릿
126 Margot [má:rgou] 마고
74 Maria [mərí:a] 마리아
132 Mary [méəri] 메리
51 Maya [máia] 마야
122 Melanie [méləni] 멜라니
91 Melody [mélədi] 멜로디

5 Mia [mí:a] 미아
33 Mila [mí:la] 밀라
86 Millie [míli] 밀리
186 Myla [máila] 마일라

44 Naomi [nei'oumi] 네이오미
105 Natalia [nətá:lia] 나탈리아
73 Natalie [nǽtəli] 나탈리
133 Nevaeh [nəvéia] 네베아
22 Nora [nó:ra] 노라
39 Nova [nóuva] 노바

157 Oakley [óukli] 오클리
156 Oaklynn [óuklin] 오클린
171 Olive [áliv] 올리브
1 Olivia [əlívia] 올리비아

61 Paisley [péizli] 페이즐리
104 Parker [pá:rkər] 파커
28 Penelope [pənéləpi] 페넬로페
168 Peyton [péitən] 페이턴
183 Phoebe [fí:bi] 피비
160 Piper [páipər] 파이퍼

96 Quinn [kwín] 퀸

113 Raelynn [réilin] 레일린
190 Reese [rí:s] 리스
145 Remi [rémi] 레미
42 Riley [ráili] 라일리
177 Rosalie [róuzəli] 로절리
115 Rose [róuz] 로즈
63 Ruby [rú:bi] 루비
172 Ruth [rú:θ] 루스
125 Rylee [ráili] 라일리

57 Sadie [séidi] 세이디
146 Sage [séiʤ] 세이지
127 Samantha [səmǽnθa] 사만다
188 Sara [sǽra] 사라

95 Sarah [séəra] 사라
107 Savannah [səvǽna] 사바나
27 Scarlett [ská:rlət] 스칼렛
117 Serenity [səréniti] 서레니티
139 Sienna [siéna] 시에나
134 Skylar [skáilər] 스카일러
153 Sloane [slóun] 슬론
10 Sofia [soufí:a] 소피아
6 Sophia [soufí:a] 소피아
60 Sophie [sóufi] 소피
49 Stella [stéla] 스텔라
142 Summer [sámər] 서머
197 Sutton [sátən] 서튼

47 Valentina [væləntí:na] 발렌티나
161 Valeria [vəlí:ria] 발레리아
147 Valerie [vǽləri] 밸러리
48 Victoria [viktó:ria] 빅토리아
15 Violet [váiəlit] 바이올렛
77 Vivian [vívian] 비비안
184 Vivienne [viviǽn] 비비엔

41 Willow [wílou] 윌로
149 Wrenley [rénli] 렌리

173 Ximena [hiména] 히메나

29 Zoe [zóui] 조이
59 Zoey [zóui] 조이

이 책을 검토해 주신 분들

강지은

김민경

김영

김은진

김혜힌

김화선 앤스잉글리쉬학원

동은하수

명희진

박선영 JB쥬얼박스

박성하

성민영

신성식

신송

안수연

염희옥 동국대학교

오사랑

원미옥

이종찬 마산제일여고

이지율

이지은

이진주

이혜원

임미영

임은선

임정연 핑거스잉글리시

장미진

정순화 김해 공부비법

조아름

진

찬샘아빠

천현경

최지선

케이트 퍼플리영어

Emily 전농중학교

후원 감사드립니다

이 책에 대한 지혜와 매일 집필할 의지를 주신 하나님께 감사드립니다.

이삭이 거기서 옮겨 다른 우물을 팠더니 그들이 다투지 아니하였으므로 그 이름을 르호봇이라 하여 가로되 이제는 여호와께서 우리의 장소를 넓게 하셨으니 이 땅에서 우리가 번성하리로다 하였더라 - 창세기 26:22

저를 가르쳐주신 선생님들과 이 책을 보시는 독자분들께 감사드립니다. 어찌 보면 제 후원자라 생각합니다. 후원자라면 '수익을 어떻게 쓰는지'도 궁금하실 것 같아서 적습니다.

책의 수익이 사용되는 곳

1권을 만드는데 3~6개월이 걸립니다. 무료 강의 제작 시간이 더해지기도 합니다. 매출의 절반가량은 그 시간 동안 저와 아이 세 명이 사는데 쓰였습니다. 첫째는 미술 학원을 다니며 웹툰 작가를 꿈꾸고 있고, 둘째는 태권도와 피아노를 다니고 있습니다. 영어/수학/국어/디자인은 집에서 직접 가르치고 있습니다.

매출의 30~40%는 책의 제작과 물류비로 쓰입니다. 이 책의 시리즈로 9권을 계획하고 있으며, 잘 되면, 1권에 '세이펜 기능'을 넣어 어린이들의 학습을 도울 계획이고, 9권 이후에는 특수 목적(토익, 토플, 공무원, GRE 등)의 영단어 책도 낼 계획입니다. 다른 언어(일본어, 중국어, 스페인어 등)의 단어 책도 생각 중입니다.

매출의 10%는 십일조로, 이웃을 돕거나 성경 관련 책/물건을 만드는데 주로 사용했습니다.

좋은 책을 '저렴한 가격'에 드리는게 가장 큰 보답이라 생각해서, <초등 영단어 400>은 절반 가격으로 정했고, 관련 자료도 전부 무료로 제공합니다. <초등 영단어 500>부터는 정가(16,800원)로 출간될 것입니다. 또한, 관련 자료 중 '영상 자료' 일부는 월 구독(저렴한 가격, 전액 기부 예정)으로 제공할 것입니다.

앞으로 하고 싶은 일

<색다른 형태의 영어원서> 시리즈를 두 종류로 계획하고 있습니다. 한 종류는 30권 이상이 될 것 같아서 상황이 될 때 시작할 것입니다. <파닉스/영어발음>과 관련된 다른 책도 계획 중입니다. <고등영어 독해비급>의 후속인 <수능영어 독해비급>은 출간을 고민 중입니다. 계획한 것을 어느정도 끝내면, 다른 영어 선생님들의 책도 낼 것입니다.

영어 출판 외에는 *장편 소설을 출간하고 싶습니다. 2개인데, 재미와 의미가 있는 이야기입니다. *피아노 앨범 2개와 전자음악 앨범 1개를 각 10곡 정도로 내고 싶습니다. 아직 끝내지 못한 곡이 많아서 미련이 있습니다. (예전 곡 듣기: thepi.co.kr.) *가사가 있는 노래도 10개 정도 내고 싶습니다. 더 나은 사회 분위기에 도움이 될 것입니다. *중간에서 돈을 전혀 떼지 않는 기부 단체를 만들고 싶습니다. *얼룩말 세로처럼 동물원의 짝이 없는 동물들에게 짝을 구해주고 싶습니다. *유용한 스티커를 더 제작하고 싶습니다. (개똥금지 스티커 판매 중: brsti.com) *억울한 사람들을(특히 사기 피해자) 돕는 무료 소송을 진행하고 싶습니다.

401

squall [skwɔ́ːl]

돌풍명

먹구름이 돌풍을 몰고 왔다.

Dark clouds brought a ___________________.

402

marquee [mɑːrkíː]

대형천막명

결혼식은 대형천막 아래에서 열렸다.

The wedding was held under a ___________________.

403

frantic [frǽntik]

정신없는형

그녀는 잃어버린 열쇠를 정신없이 찾았다.

She made a ___________________ search for her lost keys.

404

reticent [rétisnt]

과묵한형

그는 자신의 과거에 대해 과묵했다.

He remained ___________________ about his past.

 선생님/부모님을 위해 **어려운 단어로 선정**하였습니다.

405

inmate [ínmeit]

수감자⁽명⁾

그 수감자는 조기 석방되었다.

The ___________________ was released early.

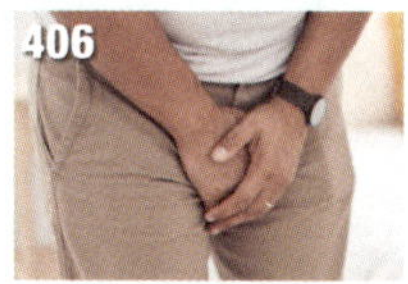

406

foible [fɔ́ibl]

약점⁽명⁾

누구나 약점이 있다.

Everyone has their ___________________.

407

lope [lóup]

성큼 걷다⁽동⁾

그 말이 들판을 성큼성큼 걸었다.

The horse ___________ across the field.

408

pulpit [púlpit]

설교단⁽명⁾

그는 설교단으로부터 말했다.

He spoke from the ___________.

1b 퍼즐 연상

가로 문제

1 목사님의 나무 무대.

4 말보다 침묵이 많은 사람.
반 calm 차분한

7 야외 파티의 천장, 결혼식 임시 지붕.

8 누구나 가진 작은 흠.
비 weakness (foible보다 큰) 약점   비 flaw 결함
반 forte (성격적) 강점

세로 문제

2 캥거루는 뛰고, 사람은 걷고, 말은 이렇게 간다.
비 trot 가볍게 뛰다

3 철창 안(in)에 있는 친구.
비 prisoner (주로 감옥의) 죄수

5 약속에 늦은, 혹은 일이 너무 많은 상태.
비 frenzied 광분한   비 desperate 절망적인

6 바다의 짧은 분노, 갑자기 치는 비바람.
비 storm (더 긴 시간의) 폭풍

 초등/중등은 훨씬 쉬운 방식의 퍼즐로 구성됩니다.

1 p		**2** l			

| **4** r | | | | | |

| **5** f | |
| **7** m | |

| **6** s |

| **3** i |

| **8** f | |

라푼젤 교도소의 비밀 관련 단원 샘플 1-2

옛날에 탑 모양의 감옥에 라푼젤이라는 inmate가 있었다. 그녀는 긴 머리카락으로 유명했지만, 진짜 비밀은 따로 있었다.

어느 날, 새로운 warder가 부임했다. 그는 평소 lope하는 독특한 gait를 가진 남자였다. 첫날부터 이상한 점을 발견했다.

"라푼젤은 왜 독방 꼭대기에 있죠?"

하지만 선배 간수는 reticent한 표정으로 대답을 피했다.

그런데 매주 일요일마다 감옥 안의 pulpit에서 이상한 일이 벌어졌다.

라푼젤이 창문에서 머리를 내리면, townsman들이 줄을 서서 기다렸다. 그들은 머리카락을 잡고 올라와 무언가를 전달했다. 새 간수는 frantic하게 이 광경을 지켜봤다.

"도대체 뭘 하는 거야?"

알고 보니 라푼젤은 감옥 안에서 비밀 사업을 하고 있었다. 그녀의 긴 머리카락으로 밖의 물건들을 몰래 들여와 amass하고 있었다. 그런데 더 충격적인 건,

"잠깐, 당신은 진짜 죄수가 아니잖아요!"

라푼젤이 petulantly 대답했다.

inmate 수감자 wader 간수 lope 성큼 걷다 gait 걸음걸이 reticent 과묵한 pulpit 설교단 townsman 마을사람 frantic 정신없는 amass 모으다 petulantly 짜증내며

"맞아요. 저는 이 감옥의 진짜 소장이에요."

라푼젤의 죄수 신분은 단지 facade였다. 원래 소장이었던 그녀는 평소 짠돌이인 자신의 foible 때문에 이런 계획을 세웠다.

"감옥 운영비가 부족해서 이런 사업을 시작했어요."

밖에서는 갑자기 squall이 불어왔다. 라푼젤의 머리가 흔들렸고, 올라가던 한 사람이 떨어질 뻔했다. 그 사람은 다름 아닌 마을의 parson이었다.

"목사님도요?"

"성경책이 필요해서... 여기가 제일 싸거든요."

이 모든 사건은 경찰이 들이닥치면서 culminate했다.

"어? 이거 불법이 아니네요? 교도소 내 상점 운영은 합법이거든요."

그리고 경찰이 물었다.

"그런데 왜 굳이 머리카락으로 사업을 하신 거죠?"

라푼젤이 한숨을 쉬었다.

"엘리베이터 설치 견적이 10억이래요."

"...네?"

"계단 만들 자리는 없고, 사다리는 위험하고, 결국 제일 싼 게 제 머리였어요."

수준별 마이클리시 도서

말하기 · 쓰기

아빠표 영어 구구단
영상 강의 포함

8시간에 끝내는
기초영어 미드천사
<왕초보 패턴>
음성 강의 포함
PDF 무료 제공: miklish.com

8시간에 끝내는
기초영어 미드천사
<기초회화 패턴>
음성 강의 포함

유레카 팝송
영어회화 200
영상 강의 포함

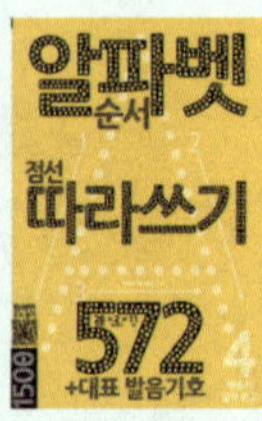

알파벳 따라쓰기
572
<1500원 특가>

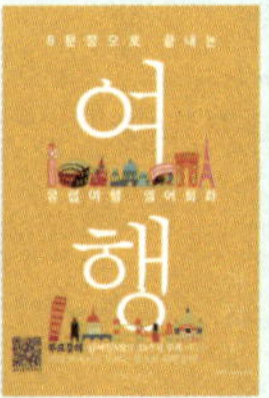

8문장으로 끝내는
유럽여행 영어회화
음성 강의 포함

단단 기초
영어공부 혼자하기
영상 강의 포함

신호등 영작200
영상 강의 포함

6시간에 끝내
생활영어 회화
<5형식/준동
음성 강의 포함

읽기

2시간에 끝내는
한글영어 발음천사
<7500원 특가>
영상 강의 포함
음성 강의 포함

원서 시리즈2

중학영어 독해비급
영상 강의 포함

챗GPT 영어명언
필사 200

스스로 끝까지 볼 수 있는 기존에 없던 최고의 책만을 만듭니다.
수준에 맞는 책을 선택하시면 절대 후회하지 않으실 것입니다.
자세한 책 소개는 <영어 공부법 MBTI (1,000원)>를 참고하세요.

중급 중학생 ~ 고등학생 수준

고급 대학생 ~ 영어 전공자 수준

4시간에 끝내는
영화영작
<기본패턴>

4시간에 끝내는
영화영작
<응용패턴>

4시간에 끝내는
영화영작
<완성패턴>

모든 책에 책의 본문 전체를 읽어주는
'원어민MP3'를 담았기에,
말하기/듣기 훈련이 가능합니다.

대부분의 책에 '무료 음성 강의'나
'무료 영상 강의'를 포함하기에,
혼자서도 익힐 수 있습니다.

한 번에 여러 권을 사지 마시고,
한 권을 반복해서 2번~5번 익힌 뒤에,
다음 책을 사는 것을 추천합니다.

6시간에 끝내는
생활영어 회화천사
<전치사/접속사/
조동사/의문문>
음성 강의 포함

이상한 나라의 앨리스
영화 영어공부
공부법 영상 강의 포함

30분에 끝내는
영어 필기체

TOP10 연설문
음성강의 포함

2027년
출간예정

원서 시리즈1

잠언 영어성경

고등영어 독해비급
영상 강의 포함

수능영어 독해비급
2027 출간 예정

TOP10
영한대역 단편소설

자동암기 초등 영단어 400

1판1쇄　2025년 9월 14일

지은이　Mike Hwang

발행처　Miklish
전화　010-4718-1329
홈페이지　miklish.com
e-mail　iminia@naver.com
ISBN　979-11-87158-75-2